Ruth Rocha   Mariana Rocha

ALMANAQUE
DO MARCELO

e da
turma da
nossa rua

Ilustrações de
Mariana Massarani

CB003291

SALAMANDRA

Curadoria da obra de Ruth Rocha: Mariana Rocha
© Ruth Rocha, 2020
© Mariana Rocha, 2020

DIREÇÃO EDITORIAL
Maristela Petrili de Almeida Leite

COORDENAÇÃO DE EDIÇÃO DE TEXTO
Marília Mendes

EDIÇÃO DE TEXTO
Ana Caroline Eden

PESQUISA DE CONTEÚDO E EDIÇÃO
Lenice Bueno

COORDENAÇÃO DE EDIÇÃO DE ARTE
Camila Fiorenza

PROJETO GRÁFICO E ILUSTRAÇÕES
Isabela Jordani, Camila Fiorenza

ILUSTRAÇÕES
Mariana Massarani, Alberto Llinares

DIAGRAMAÇÃO
Isabela Jordani, Cristina Uetake

COORDENAÇÃO DE REVISÃO
Elaine Cristina del Nero

REVISÃO
Palavra Certa

COORDENAÇÃO DE PESQUISA ICONOGRÁFICA
Luciano Baneza Gabarron

PESQUISA ICONOGRÁFICA
Carlos Luvizari

COORDENAÇÃO DE *BUREAU*
Rubens M. Rodrigues

TRATAMENTO DE IMAGENS
Mariana M. Buzzinaro, Joel Aparecido Bezerra

PRÉ-IMPRESSÃO
Eliane Miranda Monteiro Ferreira

COORDENAÇÃO DE PRODUÇÃO INDUSTRIAL
Wendell Jim C. Monteiro

IMPRESSÃO E ACABAMENTO
Gráfica Santa Marta

LOTE
765632
COD
12121341

Dados Internacionais de Catalogação na Publicação (CIP)
(Câmara Brasileira do Livro, SP, Brasil)

Rocha, Ruth
 Almanaque do Marcelo e da turma da nossa rua / Ruth Rocha, Mariana Rocha ; [ilustrações Mariana Massarani.] – São Paulo : Moderna, 2020.

 ISBN 978-85-16-12134-1

 1. Almanaque 2. Literatura infantojuvenil I. Rocha, Mariana. II. Massarani, Mariana. III. Título.

19-32269 CDD-030.83

Índices para catálogo sistemático:
1. Almanaques para crianças 030.83

Cibele Maria Dias – Bibliotecária – CRB 8-9427

Todos os direitos reservados

Editora Moderna Ltda.
Rua Padre Adelino, 758, Belenzinho,
São Paulo, SP, Cep 03303-904
Vendas e Atendimento:
Tel.: (11) 2790-1300
www.salamandra.com.br
Impresso no Brasil / 2022

LEITURA EM FAMÍLIA
Dicas para ler
com as crianças!

www.salamandra.com.br/
leituraemfamilia

Tenho muita alegria de apresentar para vocês o *Almanaque do Marcelo e da Turma da Nossa Rua*. Desenvolvi este almanaque com minha filha Mariana, que já foi minha leitora e agora é minha parceira.

Sempre me perguntam de qual dos meus livros eu gosto mais. Acho muito difícil responder a essa pergunta. Na verdade acho que gosto de todos os meus livros. De cada um deles, gosto de um jeito diferente.

Mas, se me perguntarem de qual dos meus livros os leitores gostam mais, eu sei responder. Eles gostam mais do *Marcelo, marmelo, martelo*. Dos meus livros é o mais lido: já foram editados muitos milhões de exemplares.

Por isso eu resolvi fazer este almanaque. Juntei todos os personagens da *Turma da Nossa Rua* e fiz com eles muitas brincadeiras, piadas, histórias e versos.

Espero que vocês gostem tanto de ler este almanaque como eu gostei de fazer.

Ruth Rocha

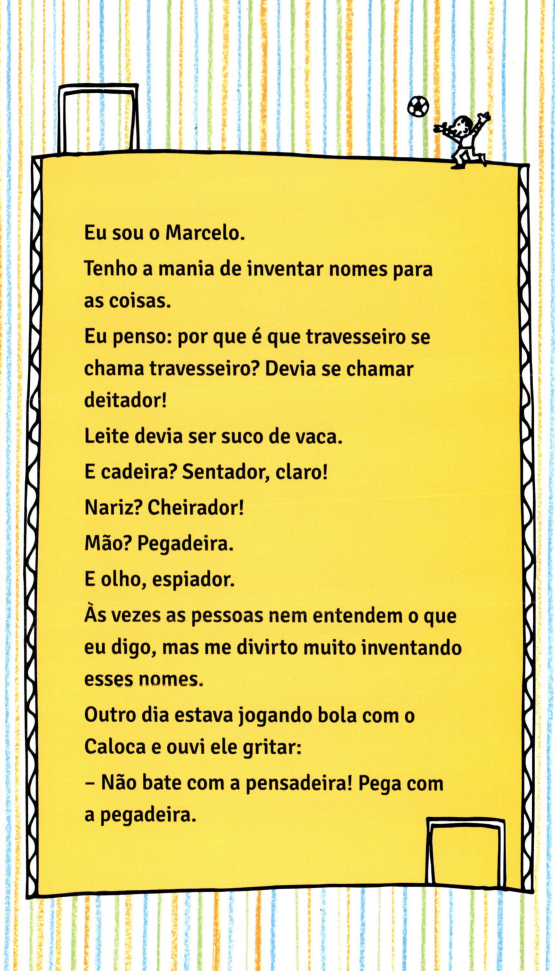

Eu sou o Marcelo.

Tenho a mania de inventar nomes para as coisas.

Eu penso: por que é que travesseiro se chama travesseiro? Devia se chamar deitador!

Leite devia ser suco de vaca.

E cadeira? Sentador, claro!

Nariz? Cheirador!

Mão? Pegadeira.

E olho, espiador.

Às vezes as pessoas nem entendem o que eu digo, mas me divirto muito inventando esses nomes.

Outro dia estava jogando bola com o Caloca e ouvi ele gritar:

– Não bate com a pensadeira! Pega com a pegadeira.

Janeiro

DATAS COMEMORATIVAS

1 Dia da Confraternização Universal

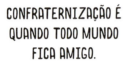

CONFRATERNIZAÇÃO... QUE PALAVRA COMPRIDA... O QUE QUER DIZER?

CONFRATERNIZAÇÃO É QUANDO TODO MUNDO FICA AMIGO.

Não são só os países que devem manter a paz. Nós também podemos colaborar, mantendo a harmonia entre os amigos, os parentes, os torcedores no futebol, os adeptos de partidos políticos.

7

Este foi o primeiro dia em que o povo votou, em 1790, logo depois da Revolução Francesa, que foi uma revolta do povo francês contra os reis mandões.

7 Dia do Leitor

JÁ QUE É DIA DO LEITOR, ANDA LOGO! VÁ PEGAR UM LIVRO PARA LER.

6 Dia de Reis

Nesse dia, conta-se que três reis, conhecidos como "reis magos", foram levar presentes para Jesus.

9 Dia do Fico

Nesse dia, em 1822, D. Pedro I foi chamado pelos portugueses para voltar para Portugal, mas ele não foi.

Dica da Ruth

É o dia em que desmanchamos os enfeites de Natal. Ajudem seus pais a guardar tudo bem guardado para usar no final do ano de novo.

FICO, NÃO FICO VOU, NÃO VOU. PEDRO PRIMEIRO FICOU!

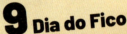
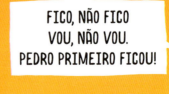

9 Dia dos Astronautas

VOCÊ GOSTARIA DE SER UM ASTRONAUTA?

Neil Armstrong, Michael Collins e Buzz Aldrin, primeiros astronautas que pisaram na Lua

11 Dia do "Obrigado"

MUITO OBRIGADO POR VOCÊ ESTAR LENDO ESTE ALMANAQUE!

12 Aniversário de Belém, capital do Pará

Mercado Ver-o-Peso

14 Dia dos Treinadores de Futebol

Bem que os treinadores precisam desta homenagem. É só perderem um jogo e já são despedidos...

18 Dia do Riso

QUÁ QUÁ QUÁ QUÁ QUÁ...

25 Aniversário de São Paulo, capital de São Paulo

A cidade de São Paulo foi fundada em 1554.

Museu de Arte de São Paulo – MASP

30 Dia Internacional da História em Quadrinhos

Quando eu era criança, adorava ler histórias em quadrinhos. Meus personagens prediletos eram Ferdinando, o Fantasma Voador e Mandrake. E você? Qual é seu personagem favorito?

31 Dia dos Mágicos

No Dia do Mágico, uma homenagem ao Mandrake, o grande mágico dos quadrinhos!

MÁGICOS DO MUNDO, UNI-VOS! FAZEI UMA MÁGICA PARA QUE O MUNDO SEJA MAIS FELIZ.

Palavras, muitas palavras

Há palavras bonitinhas
Como azul, nuvem, abril.
Existe coisa mais linda
Do que a palavra sutil?

Há palavras muito feias
Que eu nem posso dizer.
São xingos, pragas, bobagens
Que é melhor esquecer.

Mas existe uma palavra,
Olha que coisa medonha:
Existe coisa mais feia
Do que essa palavra "fronha"?

Pequeno dicionário das palavras malucas

Destino = cinco tino + cinco tino.

Papagaio = pássaro com clorofila.

Agasalho = aquilo que a gente veste quando a mãe da gente sente frio.

Mesada = dinheiro que acaba no primeiro dia do mês.

Lição de casa = lição que a gente faz na véspera de entregar.

Cê-cedilha = letra C com brinquinho.

Pulga = bicho chatíssimo que dá nos cachorros dos outros.

Lixo = coisa que a gente guarda um tempão e joga fora na véspera de precisar dele.

Sinônimo = palavra que a gente usa no lugar de outra que a gente não sabe escrever.

COISAS BRASIL

COBOGÓ

É uma peça feita em vários materiais para construir ou completar paredes e muros. Pode ter formas variadas e permite boa ventilação e iluminação dos ambientes. O cobogó foi inventado por três engenheiros, em Recife, Pernambuco. Hoje em dia já existe em vários países.

Tirando surpresas da sacola

Você vai precisar de:
- 2 sacos de papel do mesmo tamanho
- Balas, balões, apitos... (pequenos objetos)

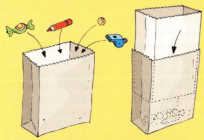  

1. Coloque os objetos dentro de um dos sacos. Depois, coloque o saco vazio dentro deste, de forma que os objetos não apareçam.

2. Diga que você vai tirar surpresas de dentro do "saco vazio". Mostre o tal "saco vazio", para que acreditem em você, e aí, então, enfie a mão e tire as surpresas!

3. O segredo do truque? Enfie a mão entre os dois sacos de papel. À medida que você for tirando os objetos, mostre sempre que o "saco mágico" continua vazio.

MAIOR DO MUNDO

Você sabe qual é a maior praia do mundo? É aqui no Brasil, no litoral do Rio Grande do Sul. Tem 240 km de extensão e se chama Cassino. Imagina pegar uma onda nessa praia!

9

PALAVRAS PORTUGUESAS

Vocês sabem que em Portugal se fala português. Nós herdamos de Portugal a nossa língua. Mas com o tempo foram sendo inventadas, tanto lá como aqui, novas palavras. Algumas foram também esquecidas, aqui e lá. Vejam só:

NO PORTUGUÊS DO BRASIL	NO PORTUGUÊS DE PORTUGAL
macacão (roupa)	fato macaco
trem	comboio
descarga	autoclismo
criança	miúdo
legal	fixe
açougue	talho

Cada povo tem sua língua. Mas há palavras que todo mundo entende. Veja só:

táxi bar ateliê stress hambúrguer hotel pizza menu bônus vírus iogurte caviar

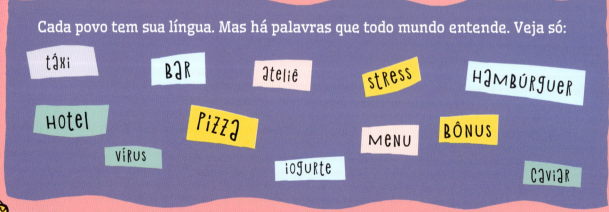

VOCÊ SABIA...

... que, de cada 10 habitantes da Ásia Central, pelo menos 1 é descendente de Gengis Khan, o grande líder da Mongólia? Ele foi o imperador que dominou o maior império da história! Seu reino chegou a ter quase 20 milhões de km², 2 vezes o território brasileiro.

Monumento de Gengis Khan na Mongólia

Descubra as palavras escondidas

Pegue um papel e uma caneta e escreva as palavras que conseguir formar, usando as letras que estão unidas por um traço na figura ao lado. Quantas palavras você conseguiu escrever? Veja exemplos ao lado.

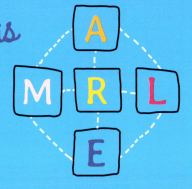

Exemplos de "Palavras escondidas": Mar, mel; amarela, mal.

CARTA ENIGMÁTICA

QUANDO OS SERES HUMANOS APRENDERAM A FALAR

Há muitos e muitos anos, os seres humanos aprenderam a falar.
Com a fala, eles puderam se comunicar e isso fez com que ficassem mais poderosos que todos os outros animais.
Eles puderam combinar o que iriam fazer, como cercar os animais que queriam caçar e com isso passaram a ter muito sucesso em suas caçadas. Também puderam contar uns para os outros onde se encontravam frutos para sua alimentação.
E também puderam contar que encontraram uma caverna ótima para seu abrigo.
Falar foi uma importante ferramenta para o progresso dos seres humanos.

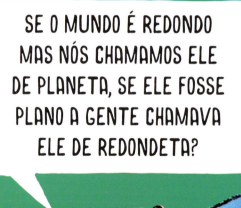

SE O MUNDO É REDONDO MAS NÓS CHAMAMOS ELE DE PLANETA, SE ELE FOSSE PLANO A GENTE CHAMAVA ELE DE REDONDETA?

E tem uns bobos que pensam que a Terra é plana!

MARAVILHAS DA NATUREZA

Vulcões

O interior da Terra é muito, muito quente. O material que está lá é todo derretido e chama-se magma. Quando esse material consegue subir para a superfície, forma o vulcão. Procure na internet: você vai ver vídeos de uma porção de vulcões em atividade.

O Caloca é um amigão!

Entra em tudo que é brincadeira, ajuda quem precisa de uma mãozinha.

Uma vez, para colaborar com a turma, ele até trouxe um bode para a escola! Essa história você pode conhecer lendo o livro *Como se fosse dinheiro*.

O Caloca tem um monte de brinquedos, que ele empresta para quem quiser brincar.

Mas ele não foi sempre assim... Era chato com os brinquedos dele...

Se você quiser saber como foi que o Caloca ficou um amigo legal, leia o conto "O dono da bola", que está no livro *Marcelo, marmelo, martelo*.

Fevereiro

DATAS COMEMORATIVAS

1 Dia do Tomate

VOCÊ GOSTA DE TOMATE?

EU GOSTO, SIM!

ENTÃO PODE COMER À VONTADE, QUE FAZ MUITO BEM PARA A SAÚDE!

2 Dia de Nossa Senhora dos Navegantes e Dia de Iemanjá

São duas festas lindas, que são realizadas em vários lugares do Brasil, na beira do mar.

Festa de Iemanjá

Festa de Nossa Senhora dos Navegantes

4 Aniversário de Macapá, capital do Amapá

Forte de São José e rio Amazonas, em Macapá

9 Dia Pernambucano do Frevo

Em Pernambuco, o dia do Frevo é 9 de fevereiro, mas o Dia Nacional do Frevo é 14 de setembro. Leia mais sobre o frevo na página 19.

9 Dia do *Surf*

Vamos comemorar esse dia! Os surfistas brasileiros estão fazendo o maior sucesso em todos os campeonatos de *surf* pelo mundo. Gabriel Medina, Maya Gabeira e Ítalo Ferreira são alguns dos nossos atletas campeões. Você já experimentou pegar onda?

16

12 Dia de Darwin

Charles Darwin foi um cientista inglês. Ele viajou pelo mundo durante cinco anos, recolhendo plantas e observando animais. Quando voltou para casa, escreveu um livro que mudou para sempre as ideias da época: *Da origem das espécies*, onde ele mostra que todos os seres vivos tiveram sua origem há muitos anos e foram evoluindo através dos tempos, se tornando o que são hoje. Esse livro causou muitas controvérsias e é discutido ainda hoje.

Com essa embarcação, chamada *Beagle*, Darwin percorreu o mundo e esteve até no Brasil

14 Dia da Amizade

16 Dia do Repórter

O repórter sempre pergunta:

- QUEM?
- ONDE?
- COMO?
- POR QUÊ?

19 Dia do Esporte

Qual é o esporte que você gosta de praticar?

FESTAS MÓVEIS

O carnaval não "cai" sempre na mesma data, mas costuma ser entre fevereiro e março: é uma festa móvel.
A Páscoa dos cristãos, o *Rosh Hashaná* dos judeus, o *Eid al-Fitr* dos muçulmanos, o dia de Oxalá no candomblé também são festas móveis.

VOCÊ SABE O QUE É UM ANO BISSEXTO?

É um ano em que fevereiro, em vez de ter 28 dias, tem 29.
E por que isso acontece? A gente sabe que um ano é o tempo que a Terra leva para dar uma volta ao redor do Sol.
E a gente também sabe que um ano tem 365 dias.
Mas acontece que um ano tem 365 dias, 5 horas, 48 minutos e 46 segundos de acordo com a NASA.
Então, de 4 em 4 anos, a gente põe mais um dia em fevereiro, para acertar essa conta.
Só que, de 100 em 100 anos, a gente tem que tirar esse dia, para que a conta fique certinha.

AMIGOS, AMIGOS

Amigo há de todo jeito:
Existe amigo ruim
E existe amigo perfeito.

Existe amigo secreto
Existe amigo falante
E existe amigo quieto.

Existe amigo do peito
Existe amigo da onça*
E amigo meio sem jeito.

E existe, e isso é muito feio,
Aquele que rouba os outros.
Esse é o "amigo do alheio"!

* Amigo da onça é uma expressão antiga. É aquele que se finge de amigo, mas, na verdade, não é amigo, não.

Amigos de mãos dadas

Para esta brincadeira você vai precisar de 1 folha de papel sulfite, 1 caneta ou lápis e 1 tesoura.

1. Dobre a folha de sulfite em zigue-zague numa largura de aproximadamente 4 cm. Assim:

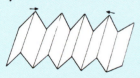

2. Se sobrar uma tira que não dê para dobrar, corte-a fora. Assim:

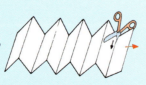

3. Desenhe metade do homenzinho na tira, conforme a ilustração (ao lado). As mãos devem chegar no fim da tira, sem finalizar.

4. Corte seu homenzinho, deixando as mãos e pés unidos, conforme a ilustração. Abra e veja o resultado.

5. Se você quiser fazer uma tira mais comprida, cole os homenzinhos uns nos outros. E, se quiser, ilustre os bonequinhos.

6. Se quiser, pode fazer tiras com saias, é só mudar o modelo.

COISAS DO BRASIL

Frevo

Música e dança características do estado de Pernambuco, o frevo foi considerado em 2012 Patrimônio Imaterial da Humanidade pela Unesco.

É um ritmo muito alegre e rápido, que se dança com um guarda-chuvinha colorido aberto.

— E O QUE É UNESCO?

— UNESCO É UMA ORGANIZAÇÃO DAS NAÇÕES UNIDAS PARA ESTIMULAR A EDUCAÇÃO, A CIÊNCIA E A CULTURA.

— E O QUE É "NAÇÕES UNIDAS"?

— SEI LÁ, PERGUNTA PRO ARMANDINHO!

Veja a resposta na página 84.

MAIOR DO MUNDO

A maior floresta do mundo é a taiga. Quer dizer, ela não é propriamente uma floresta única, porque é interrompida pelo mar, mas recobre uma grande faixa no norte do planeta e tem um terço de todas as árvores da Terra. Ela passa pelo norte do Alasca, pelo Canadá, pelo sul da Groenlândia, por parte da Escandinávia e pela Rússia.

- TAIGA
- FLORESTA AMAZÔNICA

Você pensou que a maior floresta do mundo fosse a Floresta Amazônica, não é? A Floresta Amazônica é a maior floresta tropical e tem a maior biodiversidade do mundo.

AMIGOS NA FICÇÃO

Na vida da gente existem muitos amigos. E também existem muitos amigos nas histórias. Vocês conhecem esses personagens?

Pedrinho e Narizinho, das histórias de Monteiro Lobato, além de primos, são grandes amigos.

Dom Quixote e Sancho Pança, criados por Miguel de Cervantes, são amigos na literatura. Este é um detalhe da gravura de Gustave Doré.

O Gordo e o Magro fizeram grande sucesso no cinema.

A Turma da Nossa Rua é uma turma de grandes amigos.

20

Nós

A amizade é um laço que mantém as pessoas unidas. Como um nó.
Mas os nós também podem resolver problemas do dia a dia e são divertidos de aprender.
Os nós são usados em várias atividades e são fundamentais em muitas profissões.
Os marinheiros, por exemplo, vivem amarrando coisas e têm que amarrar direitinho
para que elas não se soltem em alto-mar!
Os bombeiros também têm que amarrar muito bem amarrados seus cabos de resgate, que
ficam pendurados em alturas muito grandes e podem salvar vidas.
Os escoteiros usam nós em suas atividades: para construir cabanas, puxar
ou pendurar coisas.
Se você for viver uma aventura na selva, acho que deveria aprender a fazer alguns nós.
Aqui apresentamos 5 nós básicos, com funções diferentes. Todos eles são fáceis,
funcionam muito bem e você pode desatar, depois de usar.
Para esta atividade você vai precisar de uma corda ou um barbante firme.

1. Nó direito: serve para finalizar amarras; é usado também em resgates.

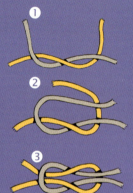

2. Nó laço do fiel: para prender uma corda num pedaço de madeira ou numa árvore.

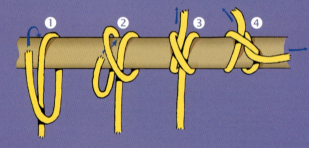

3. Nó lais de guia: pode ser usado para içar coisas, sem apertá-las, pois o nó fica fixo e não corre.

4. Nó de escota: é usado para unir duas cordas.

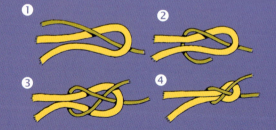

5. Nó corrediço ou nó de rabiola: o nó corre e aperta o que estiver carregando. É usado nas pipas e é o laço do tricô.

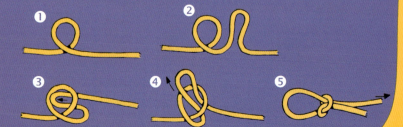

MARAVILHAS DA NATUREZA

Gêiseres

Os gêiseres são fontes de água e vapor que jorram do fundo da Terra. A altura dos gêiseres varia entre 1 e 100 metros, e a quantidade de água que é jorrada varia de poucos litros a dezenas de milhares de litros. Existem cerca de 1.000 gêiseres em todo o mundo, mas a metade deles está nos Estados Unidos.
Procure na internet e você vai ver gêiseres "em ação".

— COMO SE FALA GÊISER?

— GÊISER SE FALA COMO SE LÊ, USANDO O G COM SOM DE J. A PALAVRA TAMBÉM É ENCONTRADA COM ACENTO AGUDO NO E, ASSIM: GÉISER.

Teresinha loirinha, bonitinha, arrumadinha.
Teresinha estudiosa,
Vestida de cor-de-rosa,
Teresinha...
Que belezinha!

Só que vocês não sabem o que aconteceu quando ela conheceu a Gabriela. O conto "Teresinha e Gabriela", que está no livro *Marcelo, marmelo, martelo*, conta como elas se tornaram amigas.

Hoje ela continua fofinha, mas está muito mais divertida, faz até piada com a professora!

Março

DATAS COMEMORATIVAS

2 Aniversário da Ruth Rocha

PARABÉNS, RUTH ROCHA!

8 Dia Internacional da Mulher

Esse dia foi estabelecido para homenagear a luta das mulheres.
Algumas pessoas acreditam que essa data foi escolhida por causa de um incêndio que houve nesse dia, no ano de 1911, numa fábrica em Nova York, em que as operárias estavam em greve e 130 delas morreram.

8 Dia da Cor

10 Dia do Telefone

12 Dia do Bibliotecário

Na sua escola tem biblioteca? Que tal dar uma passadinha por lá?

14 Dia Nacional da Poesia

Procure ler algum poema do Manuel Bandeira ou da Cecília Meireles.

1 Aniversário do Rio de Janeiro

Vista aérea do Cristo Redentor, na capital do Rio de Janeiro

12 Aniversário de Recife

Vista aérea da Praça da República, na capital de Pernambuco

17 Aniversário de Aracaju

Letreiro na praia de Atalaia, na capital de Sergipe

15 Dia da Escola

O dia da escola é um dos dias mais importantes que existem. É na escola que a gente aprende um montão de coisas. E sempre que a gente aprende, a gente fica maior por dentro.

21 Dia das Florestas

16 Dia do Cavalo

Você já viu um cavalo correndo no campo, com a crina voando ao vento?

É lindo, não é?

22 Dia Mundial da Água

Dois terços do nosso planeta são cobertos pela água, mas só uma quantidade bem pequena dessa água é potável. Por isso, temos medo de que ela acabe.

27 Dia do Grafite

Grafite é um tipo de arte que se faz pintando muros. É uma arte de rua que existe há muito tempo. Você já viu grafites na sua cidade?

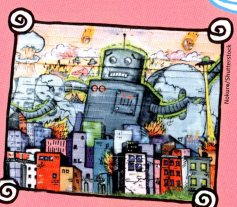

Grafite de rua em Reykjavik, Islândia

27 Dia Nacional do Circo

Lá vem o circo
Cheio de graça.
Passa a bailarina
O palhaço passa.
Passa o circo todo
Cheio de graça.

23 Aniversário de Florianópolis

Ponte Hercílio Luz, na capital de Santa Catarina

29 Aniversário de Curitiba e Salvador

Jardim Botânico, na capital do Paraná

Pelourinho, na capital da Bahia

POEMINHA DA BARATA

Criança valente
Sem medo de nada
Não fica parada.
E, se encontra aranha,
Pisa em cima e mata.
Mas, por outro lado,
Corre da barata.

A VISITA PERGUNTA A TERESINHA:
— A QUE HORAS VOCÊS COSTUMAM JANTAR?
— MINHA MÃE DISSE QUE A GENTE VAI JANTAR ASSIM QUE A SENHORA FOR EMBORA...

O QUE É, O QUE É?
O que é que vira a cabeça de uma mulher?

R: O pescoço dela.

Nomes incríveis

Em São Paulo existem muitas ruas com nomes engraçados! Na Vila Madalena tem a Rua Purpurina, a Aspicuelta e a Harmonia; no Jabaquara tem a Rua das Borboletas Psicodélicas, a Rua Contos Gauchescos e a Travessa dos Nomes Mágicos. Na Barra Funda, a Travessa Flauta Encantada; no Jardim da Conquista, a Travessa Escrito nas Estrelas. E no seu bairro, que ruas têm nomes engraçados?

Brigadeiro

O brigadeiro é um doce feito de leite condensado e chocolate que foi inventado durante a Segunda Guerra Mundial (1939-1945). Naquela época, houve grande falta de açúcar, mas a fábrica de leite condensado continuava a produzir esse produto. Então, inventaram o brigadeiro, que é muito popular nas festas de aniversário.
O nome foi uma homenagem a um brigadeiro da aeronáutica, que, na ocasião, foi candidato a presidente da República.

Paulo Vilela/Shutterstock

TERESINHA CHEGOU TRISTE EM CASA.
O PAI DELA PERGUNTOU POR QUÊ.

EU TIREI NOTA BAIXA POR UMA COISA QUE NÃO FIZ. VOCÊ ACHA ISSO JUSTO?

NÃO! O QUE VOCÊ NÃO FEZ?

A LIÇÃO DE MATEMÁTICA!

MAIOR DO MUNDO

O maior deserto do mundo é o Deserto da Antártica, no Polo Sul. Tem aproximadamente 14.000.000 de quilômetros quadrados!
As temperaturas podem chegar a -89,2 graus centígrados.
Você pensou que o maior deserto do mundo era o Saara, não pensou?
Pois o Saara é o maior deserto quente do mundo. Tem aproximadamente 9.065.000 quilômetros quadrados.

Armin Rose/Shutterstock

MULHERES

Marie Curie

Marie Curie foi uma cientista polonesa que estudou a radiação. Ganhou dois prêmios Nobel, um de química e outro de física. Foi a primeira mulher a ganhar esse prêmio, um dos mais importantes do mundo para os cientistas. Ela também foi a primeira mulher a lecionar na Universidade de Sorbonne, em Paris. Marie Curie concorreu a uma vaga de membro da Academia de Ciências de Paris, mas não foi escolhida por ser mulher.

Jane Goodall

Jane Goodall é uma inglesa que fez uma coisa incrível! Ela estudou durante 40 anos os chimpanzés na Tanzânia, na África.
Suas descobertas sobre a aprendizagem, o raciocínio e a cultura dos chimpanzés selvagens lhe deram diversos prêmios. Ela é autora de vários livros sobre o assunto, incluindo *Minha vida com os chimpanzés*. Até hoje a cientista continua lutando pela preservação da natureza.

Frida Kahlo

Quem também gostava de macacos era a pintora Frida Kahlo. Ela tem uma porção de autorretratos com macacos e foi uma grande artista. É conhecida também por ter valorizado e prestigiado a cultura popular do seu país, o México.

VOCÊ SABIA...

... que a planta vitória-régia tem uma linda flor, que abre só à noite? E com suas sementes dá para fazer pipoca.

Dica da Teresinha

A Ruth Rocha conta muitas histórias sobre meninas e mulheres. Olha só alguns livros dela: *Leila menina, Marília bela, Procurando firme, Gabriela e a titia, As coisas que a gente fala, Faca sem ponta, galinha sem pé, Mulheres de coragem* e muitos outros.

FANTÁSTICAS

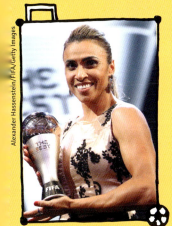

Marta Vieira da Cunha

A maior jogadora de futebol feminino do mundo é brasileira. Em 1999, começou a jogar futebol. Em 2006, ganhou o primeiro título de Melhor Jogadora do Mundo. E repetiu esse feito em 2007, 2008, 2009 e 2018. Viva a rainha Marta!

Aretha Franklin

Uma das maiores cantoras da música americana. Ganhou 18 vezes o Grammy e interpretou o sucesso *Respect*, sobre o respeito que se deve ter pelas mulheres.

Dica do Marcelo

Leia *Menina bonita do laço de fita*, de Ana Maria Machado. É ótimo!

Sufragistas

Assim foram chamadas as mulheres que, no fim do século XIX, na Inglaterra e em outros países, lutaram pelo voto feminino. Somente em 1918, um decreto concedeu às mulheres inglesas o direito ao voto. Nos outros países, a luta continuou. No Brasil, esse direito foi conquistado em 1932. Uma importante sufragista brasileira foi a professora Leolinda Daltro, que também lutou em defesa dos povos indígenas e pela educação.

Leolinda Daltro

Nise da Silveira

Em 1931, Nise da Silveira formou-se em Medicina numa classe de 157 alunos, em que ela era a única mulher. Ela escolheu a Psiquiatria e revolucionou o tratamento de doentes mentais. Seus pacientes faziam pinturas, peças de teatro, dançavam, bordavam e assim melhoravam muito de suas doenças.

Toni Morrison

É uma das maiores escritoras dos Estados Unidos. Ela escreveu romances, peças de teatro, ensaios e até livros para crianças. Em 1993, recebeu o Prêmio Nobel de Literatura. Foi a primeira mulher negra a receber essa homenagem. Seus livros mais importantes publicados em português são: *O olho mais azul*, *Jazz*, *Paraíso* e *Amada*, que virou filme.

CADA QUAL, CADA QUAL

Pessoas são diferentes.
Uma é gorda, outra é magrela.
Um careca, um cabeludo
Um dentuço, outro banguela.

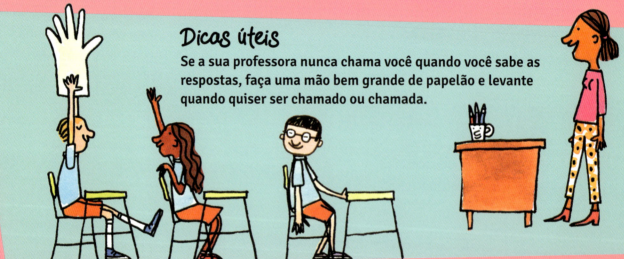

Dicas úteis

Se a sua professora nunca chama você quando você sabe as respostas, faça uma mão bem grande de papelão e levante quando quiser ser chamado ou chamada.

UMA LÍNGUA DIFERENTE

Havia na China, na província de Hunan, uma língua chamada nushu, que só as mulheres usavam e compreendiam.
Era uma língua escrita, que tinha suas próprias letras, com a qual as mulheres registravam canções, poemas e também conselhos para as mulheres mais novas.
Algumas pessoas acreditam que essa língua tenha existido por mais de 1.000 anos, mas a última pessoa que ainda a dominava morreu com quase 100 anos, no começo do século XXI.

MARAVILHAS DA NATUREZA

O arco-íris

O arco-íris é uma ilusão de ótica. Ele se forma no céu quando a luz do Sol passa através das gotas de água. É uma faixa luminosa que contém todas as cores. Ele surge quando a chuva está parando e o Sol começa a aparecer. Você também consegue ver o arco-íris perto de cachoeiras, por causa das gotas de água que se espalham. O arco-íris também é chamado de arco-da-velha. Na Bíblia, aparece como o arco da aliança, que significa a aliança dos homens com Deus.

Dizem que o melhor amigo do homem é o cachorro.

Eu não sei se isso é verdade. Mas eu sei que um dos meus melhores amigos é o Latildo.

Ele brinca muito comigo e brinca também com meus amigos.

A Mariana sempre traz o Bingo, que é o cachorro dela, para brincar com o Latildo.

Antigamente meu cachorro se chamava Godofredo.

Mas eu mudei o nome dele para Latildo, já que ele late um bocado!

Abril

DATAS COMEMORATIVAS

1 Dia da Mentira
É um dia em que as pessoas contam mentiras de brincadeira. Na literatura o símbolo da mentira é o Pinóquio. Você conhece essa história?

2 Dia Internacional do Livro Infantil
Foi no dia 2 de abril de 1805 que nasceu Hans Christian Andersen, considerado o "pai da literatura infantil". Ele criou histórias inesquecíveis, como "O Patinho Feio", "A Pequena Sereia" e muitas outras!

3 Dia da Verdade
Diga sempre a verdade, senão seu nariz corre o risco de crescer como o do Pinóquio!

Dica da Ruth
O Brasil tem uma das melhores literaturas infantis do mundo. Leia muitos e muitos livros!

4 Dia Internacional da Guerra de Travesseiros
Você já fez uma guerra de travesseiros? Chame seus amigos e amigas para dormir na sua casa.
Peça que tragam colchonetes e que não se esqueçam dos travesseiros. Todos vestidos de pijama, começa a batalha!

8 Aniversário de Cuiabá, capital de Mato Grosso

Vista aérea do parque Mãe Bonifácia, em Cuiabá

13 Aniversário de Fortaleza, capital do Ceará

Centro Dragão do Mar de Arte e Cultura, em Fortaleza

15 Dia Mundial do Desenhista

OBRIGADA A TODOS OS DESENHISTAS QUE CRIARAM IMAGENS PARA MINHAS HISTÓRIAS!

14 Dia do Ciclista
Vamos de bicicleta?

18 Dia Nacional do Livro Infantil e Dia de Monteiro Lobato

Monteiro Lobato é um grande escritor brasileiro. Escreveu para gente grande e para os jovens, e é considerado o pai da nossa literatura infantil. Esse é o dia dele porque foi em 18 de abril de 1882 que ele nasceu. Não deixe de ler pelo menos um dos livros de Lobato.

19 Dia dos Povos Indígenas

Antes que os portugueses chegassem ao Brasil, nossos índios eram ricos. Todos eles tinham casa, todos comiam, todos trabalhavam: caçando, pescando, fazendo roças, fazendo cestos. E todos se enfeitavam, dançavam nas festas e dividiam tudo o que tinham. Segundo o IBGE, em 2018 o Brasil tinha cerca de 900.000 indígenas, distribuídos em 305 etnias e que falavam 274 línguas.
Veja o que é IBGE na parte de baixo desta página.

22 Dia Mundial da Terra

Quer saber uma informação interessante sobre a Terra? Veja na página 124.

21 Aniversário de Brasília, capital do Brasil

Vista de drone do Congresso Nacional

22 Chegada dos Portugueses na América

Os portugueses tomaram posse do Brasil em nome do rei de Portugal em 1500. Essa data era comemorada como o dia do Descobrimento do Brasil. Mas o Brasil já estava aqui mesmo e já era habitado por milhões de índios, que foram os primeiros brasileiros.

21 Dia de Tiradentes

Tiradentes foi o chefe de uma revolta que houve em Minas Gerais, em 1789, e que era contra os altos impostos que o governo português cobrava dos brasileiros.

28 Dia Mundial da Educação

A educação é essencial para que as pessoas possam usufruir da vida.

BICHOS INCRÍVEIS

Eu já vi um gato preto
Ser amigo da sardinha.
Vi um bando de gambá
Brincando de amarelinha.

Eu já vi jaguatirica
Tocando seu violão.
Eu até já vi macaco
Passeando de avião.

Já vi galinha-d'angola
Almoçando caviar.
E vi tamanduá-bandeira
Bebendo drinques no bar.

Mas esqueci de dizer
Para você que não viu
Isso é tudo brincadeira
Hoje é primeiro de abril!

Algumas histórias de gatos

Uma onça, muito esperta, convenceu o gato a lhe ensinar todos os seus truques. O gato ensinou, mas, quando os dois foram caçar, a onça pulou em cima do gato, e o gato deu um pulo e escapou da onça. A onça reclamou:
– Você não me ensinou esse pulo!
– Claro – disse o gato. – Este é o célebre Pulo do Gato! Este eu não ensino a ninguém!

O gato é um animal que vive de noite. Por isso antigamente algumas pessoas achavam que o gato estava ligado aos bruxos. Se fosse preto, então, as pessoas morriam de medo dele.

SE O MARCELO TIVESSE UM GATO, ELE SE CHAMARIA GATILDO?

COMO É QUE SE TIRA LEITE DE GATO?

R: Puxando o pires.

Existe uma cidade na Turquia chamada Van. E lá um grande número de gatos tem um olho de uma cor e o outro de outra.
Eles são tão especiais que sua raça até recebeu um nome: gato Van Turco.

COISAS BRASIL

Castanha-de-caju

A gente chama de caju o conjunto da castanha com a parte amarela e suculenta, que todo mundo pensa que é o fruto. Mas o fruto, na verdade, é a própria castanha, que também é uma delícia.

ESSA É DE PAPAGAIO

Um senhor entra na loja de animais e pede ao vendedor:
– Eu quero um papagaio que fale duas línguas: inglês e português. Será que o senhor tem um assim?
– Pois não, eu tenho este aqui! – E aponta um papagaio em cima de um poleiro, com uma cordinha amarrada em cada perna.
– Se puxar a corda da perna direita, ele fala inglês; puxando a da esquerda, ele fala português.
– É mesmo?! E se puxar as duas?
– Eu caio na hora! – responde o papagaio.

MAIOR DO MUNDO

A maior montanha do mundo é o Monte Everest, com 8.848 metros de altura. Fica na cordilheira do Himalaia, entre o Nepal e o Tibet, na Ásia. O cume do Everest foi alcançado pela primeira vez em 1953, numa escalada comandada pelo inglês John Hunt.
Você gostaria de escalar uma montanha?

ESSES ANIMAIS

Os elefantes são animais tão grandes que, quando nascem, já pesam cem quilos! E vão crescendo e vão pesando cada vez mais. Um elefante asiático pode chegar a pesar 6.000 quilos. Acho que é por isso que eles têm quatro joelhos, para aguentar tanto peso.

Os cangurus conseguem pular até cinco metros. Mas eles não conseguem andar para trás. A mamãe canguru carrega seu filhote numa bolsa, em sua barriga!

As girafas dão coices fortíssimos, os mais fortes do reino animal. Além disso, a língua da girafa é tão comprida que ela poderia limpar a orelha com ela.

As aves, por mais estranho que pareça, são descendentes dos dinossauros. E você sabia que há mais galinhas no mundo do que gente?

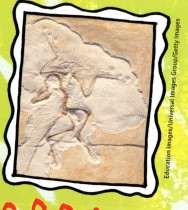

VOCÊ SABIA...

... que os cachorros vira-latas são muito mais espertos que os cachorros de raça. É que os vira-latas são selecionados por causa da esperteza. Os cachorros de raça são selecionados pelas características físicas.

A baleia-azul é o maior animal da Terra. Chega a ter trinta metros de comprimento. Nesta foto, você pode ter uma ideia do tamanho da baleia-azul em relação ao nosso!

SÃO INCRÍVEIS!

Os insetos costumam ser pequenos e frágeis. No entanto, já causaram problemas muito graves, como a destruição de colheitas por nuvens de gafanhotos ou ataques de abelhas africanas. Já morreram mais pessoas por causa de mosquitos do que por causa de guerras.
Mas tem uma coisa engraçada: você sabia que os insetos nunca fecham os olhos? Nem quando dormem.
Existem insetos gigantes também, como este bicho-pau.

Os coalas dormem mais que o bicho-preguiça, até 15 horas por dia!

AU AU AU AU AU AU AU!

TRADUZINDO: O MENOR PEIXE DO MUNDO FOI ENCONTRADO NA INDONÉSIA. ELE MEDE 7,9 MILÍMETROS E SEU NOME É *PAEDOCYPRIS*. QUE BONITINHO!

A *Tiranossauro rex* Sue, no Museo Field de História Natural, em Chicago

Os maiores animais que já existiram na Terra foram os dinossauros. Entre eles, um dos maiores e mais bravos foi o *Tiranossauro rex*. Nos EUA há um esqueleto de um tiranossauro de quatro metros de altura. Puseram nele o apelido de Sue. Acho que era uma "tiranossaura". Depois de muito estudar o bicho, chegaram à conclusão de que ela tinha morrido de dor de garganta...

Os animais mais inteligentes do mundo, em primeiro lugar, é claro, são os humanos. Em seguida vêm os golfinhos. Depois vêm os chimpanzés, os elefantes e os papagaios.

41

HISTÓRIAS de CACHORROS

UM MENINO ESTAVA PARADO COM UM CACHORRO AO LADO. UM HOMEM PARA E PERGUNTA:
– SEU CACHORRO É BRAVO?
O MENINO RESPONDE:
– NÃO, MEU CACHORRO NÃO É BRAVO, NÃO.
O HOMEM ENTÃO PASSA A MÃO NA CABEÇA DO CACHORRO.
O CACHORRO ROSNA PARA ELE. ELE RECLAMA:
– UÉ, VOCÊ NÃO DISSE QUE SEU CACHORRO NÃO ERA BRAVO?
E O MENINO RESPONDE:
– MAS ESSE NÃO É O MEU CACHORRO!

UM CARA VEM PELA RUA PUXANDO UMA CAIXA AMARRADA NUM BARBANTE.
PASSA UM MENINO E RESOLVE GOZAR O CARA:
– QUE LINDO CACHORRO O SENHOR TEM, HEIN?
– QUE CACHORRO? ESTOU PUXANDO UMA CAIXA DE PAPELÃO!
– AH, DESCULPE – DIZ O MENINO.
E VAI SAINDO TODO SEM JEITO.
O CARA, PRENDENDO O RISO, VIRA PARA A CAIXA E DIZ:
– ENGANAMOS ELE, NÃO É, FIEL?

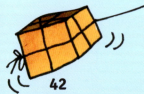

UMA SENHORA ENTRA NO RELOJOEIRO:
– POR FAVOR, QUERO QUE O SENHOR CONSERTE MEU CACHORRO!
– MAS EU SOU RELOJOEIRO, NÃO VETERINÁRIO!
– EU SEI. MAS O PROBLEMA DO MEU CACHORRO É QUE ELE PARA A CADA 5 MINUTOS...

– QUAL É O CACHORRO QUE NUNCA CANSA DE ESPERAR?
– É O CÃO FILA.

– POR QUE É QUE O CACHORRO ENTRA NA IGREJA?
– PORQUE ENCONTRA A PORTA ABERTA.
– E POR QUE ELE SAI?
– PORQUE ELE ENTROU.

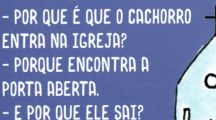

– POR QUE O CACHORRO BALANÇA A CAUDA?
– PORQUE A CAUDA NÃO PODE BALANÇAR O CACHORRO.

A aurora boreal

As auroras são fenômenos de luz que acontecem nos céus dos polos da Terra. A aurora boreal ocorre no Polo Norte e pode ser observada entre setembro e outubro. E a aurora austral acontece entre março e abril, no Polo Sul. São espetáculos de luzes coloridas e brilhantes e são causados quando os ventos solares encontram o campo magnético dos polos da Terra. Consulte a internet e veja como as auroras são lindas.

A Mariana é uma menina muito legal da nossa turma.

Ela participa de muitas aventuras com a gente. Entra em todas as brincadeiras, se dá bem com todo mundo, é uma companheirona!

Ela tem um cachorro que se chama Bingo. O Bingo é amigo do Latildo.

Ela tem também uma boneca que se chama Cinderela. A história dela e da boneca está no livro *A Cinderela das bonecas*.

Mas ela aparece também em *Davi ataca outra vez* e *O piquenique do Catapimba*.

A Mariana aprendeu com a vovó Neném a recortar, colar, desenhar e costurar.

Maio

DATAS COMEMORATIVAS

O primeiro domingo de maio é o Dia das Mães.
Conheça melhor sua mãe. Faça uma pequena entrevista com ela: Qual sua cor favorita? Qual sua música predileta? Invente outras perguntas.

1 Dia do Trabalho
Quando a gente fala em trabalho, esquece muita gente que também trabalha, como as donas de casa, que fazem um trabalho importante. E das crianças, que fazem dois trabalhos importantes: estudar e brincar.

3 Dia Internacional do Sol
Viva o Sol!
O Sol dá vida à Terra!

3 Dia do Pau-Brasil
A gente deveria plantar um pé de pau-brasil em cada terreno, porque essa é a árvore que deu o nome ao Brasil. Saiba mais sobre o pau-brasil na página 49.

5 Dia da Língua Portuguesa

4 Dia do Futebol
O futebol é o esporte mais amado no Brasil. Pra que time você torce?

6 Dia Nacional da Matemática
Não tenha medo da matemática. Ela não é tão difícil assim...

7 Dia do Silêncio

Não diga tudo
Que lhe der na telha
Quando um burro fala,
O outro abaixa a orelha

19 Dia Mundial dos Museus

23 Dia Mundial da Tartaruga

"Devagar com o andor que o santo é de barro."

20 Aniversário de Palmas, capital do Tocantins

Vista aérea do Palácio Araguaia

O QUE É ANDOR?

ANDOR É UM SUPORTE ONDE SE CARREGA A IMAGEM DO SANTO NA PROCISSÃO.

25 Dia da África

Os primeiros seres humanos surgiram na África e foram se transformando à medida que se espalhavam pelo mundo.
A África é um grande continente composto por 54 países. São povos e línguas diferentes com culturas ricas e diversas.

27 Dia da Mata Atlântica

A Mata Atlântica ocupa nosso litoral leste. Hoje temos poucas regiões onde a mata resiste. Combata a derrubada de árvores!

Na última quarta-feira do mês de maio se comemora o Dia do Desafio, que tem como objetivo estimular a prática de atividades físicas.

Suba a montanha
Nade no rio
Que hoje é o dia
Do desafio!

47

CASINHA DE BONECA

Olha só a casinha da boneca:
Tem mesinha, também tem cadeirinha.
Tem uma lâmpada pequenininha,
Até varal onde a roupinha seca.

Tem caminha onde deita a bonequinha,
Vestida com seu lindo pijaminha.
E sonha lindas coisas de boneca,
Com dois anões, um elfo e uma fadinha.

PIADINHA

MARIANA ESTAVA MUITO TRISTE NA ESCOLA.
– O QUE É QUE VOCÊ TEM, MARIANA?
– TENHO DOR DE DENTE.
– E POR QUE É QUE VOCÊ NÃO VAI PARA CASA?
– É QUE MINHA MÃE É DENTISTA...

No recreio

Descubra quem é a Nara, sabendo que ela está de boca aberta, seu vizinho da direita está de boné e o da esquerda usa óculos.

R: Nara é a menina que está com camiseta azul florida.

COISAS DO BRASIL

PAU-BRASIL

Pau-brasil é a árvore que deu nome ao nosso país. Existia em grande quantidade na Mata Atlântica. Mas, depois do "descobrimento", devido à tinta vermelha que fornece, começou a ser explorado e hoje sobraram poucos exemplares no país.

MATEMÁTICA AVANÇADA

Com seis algarismos 9 faça o número 100.

(Veja a resposta ao lado)

R: $\frac{99}{99} + 99$

MAIOR DO MUNDO

O maior rio do mundo é o rio Nilo, você já ouviu falar? Ele é o principal rio do Egito e foi um dos responsáveis pelo progresso das antigas civilizações.
Além do Egito, ele passa pela Etiópia, mas é um rio importante para vários outros países da África, também.
Aposto que você pensou que o maior rio do mundo fosse o Amazonas.
O Amazonas já foi considerado o maior rio do mundo; ele tem 6.992 quilômetros de extensão.
Depois de muitas medições, chegou-se à conclusão de que o rio Nilo é maior que o Amazonas, pois o Nilo tem 7.088 quilômetros de extensão.

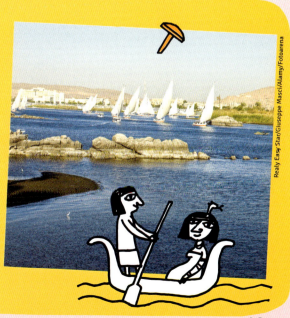

FAZENDO COISAS

COPINHO DE PAPEL

1. Pegue uma folha de papel quadrada.
2. Dobre na diagonal.
3. Dobre uma das pontas.
4. Dobre o outro lado.
5. Dobre uma ponta para frente e a outra para trás.
6. Abra o copinho.

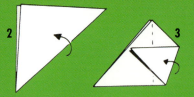

CARTÃO POP-UP

Você vai precisar de:
- 1 folha de papel colorido firme
- 1 tesoura
- Lápis de cor
- Cola
- Lápis preto

INSTRUÇÕES:

1. Recorte a folha de papel no formato 10 x 15 cm.
2. Dobre-a ao meio.
3. Trace duas linhas perpendiculares à dobra, de 5 cm.
4. Agora, corte na linha tracejada.
5. Dobre o papel de forma a separar a parte cortada.
6. Abra o papel e puxe a parte solta para dentro.
7. Dobre novamente, de forma que seja criado um espaço vazio, em forma de quadrado.
8. Faça um desenho do que você gostar: boneca, casa, carro, sol... Mas atenção: seu desenho não pode ser maior que 5 cm.
9. Cole seu desenho na parte da frente, de forma que não ultrapasse o cartão nem dobre no meio.

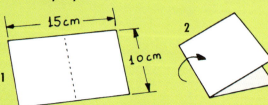
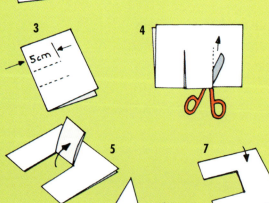

UM COLAR PRA VOCÊ

Você vai precisar de:
- Capas de revistas velhas, coloridas
- Tesoura • Cola • Caneta esferográfica
- Palitos de dentes • Linha forte
- Uma tira de cartolina de 3,0 cm x 10 cm

Peça a ajuda de um adulto!

INSTRUÇÕES:

1. Trace um triângulo na tira de cartolina, assim:

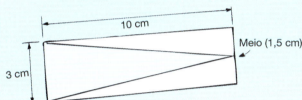

2. Recorte com cuidado o triângulo: ele será seu molde.

3. Usando o molde, trace, com cuidado nas capas das revistas, 20 triângulos. Corte os triângulos.

4. Enrole delicadamente o triângulo sobre o palito, começando da base até ponta. Passe cola na pontinha, pressione e fique segurando até que cole bem. Faça isso com todos os triângulos.

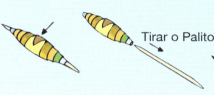

5. Passe o fio dentro dos canudinhos de papel. Amarre as pontas. Pronto! Você tem um colar divertido.

Dica: Se quiser um colar mais comprido, faça mais triângulos e tubinhos de papel.

PIADINHA

MARIANA CHEGOU PARA O BETO E DISSE:
– VOU TE CONTAR UMA PIADA DE TRÁS PARA A FRENTE.
BETO ESPEROU, ESPEROU E NADA!
– VOCÊ NÃO VAI CONTAR A PIADA?
– UÉ, ESTOU ESPERANDO VOCÊ RIR!

VOCÊ SABIA...

... que árabes que vivem em regiões muito quentes usam roupas de tecidos muito grossos? É que as pessoas têm temperaturas mais baixas do que a temperatura ambiente. Então, usam roupas que as protegem da temperatura externa.

51

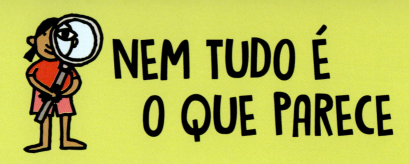

NEM TUDO É O QUE PARECE

1. Cadê o coelhinho que estava aqui? Descubra o coelhinho no meio do desenho.

2. Qual destas linhas é do mesmo tamanho que a linha A?

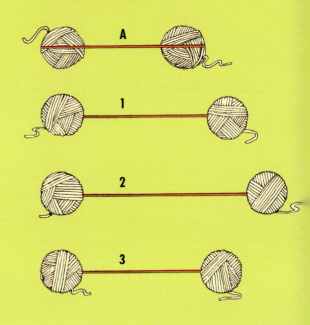

3. Só um dos círculos pretos de baixo corresponde exatamente ao círculo preto de cima. Qual é?

4. Qual destes triângulos é formado por linhas inteiramente retas?

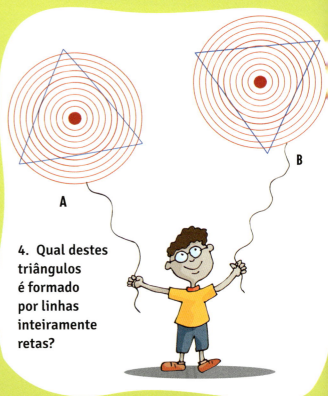

R: 1. O coelhinho está entre duas flores roxas. 2. A linha 2. 3. O círculo I. 4. Os dois.

52

MARAVILHAS DA NATUREZA

Ondas do mar

As ondas do mar se formam quando o vento, batendo nas pequenas irregularidades das águas, vai levantando a superfície.
Enquanto essa s ondas estão em grandes profundidades, não carregam as águas, só causam sua elevação.
Quando chegam perto da praia e estão sobre menor quantidade de água, elas empurram a água, que vai correndo pela areia da praia.

Na nossa turma tem o Catapimba, que é o melhor jogador de futebol do bairro.

Ele é o centroavante do Estrela-D'Alva Futebol Clube, o nosso time, e também é o secretário do clube.

É ele que marca os piqueniques, as festas, os passeios e os jogos.

Mas o nome dele de verdade não é Catapimba, é José dos Reis. Catapimba é o apelido dele. Porque, quando ele pega na bola... Catapimba! É mais um gol do Estrela D'Alva!

Você pode conhecer mais sobre o Catapimba nos livros *A decisão do campeonato*, *Como se fosse dinheiro* e *O piquenique do Catapimba*.

Junho

DATAS COMEMORATIVAS

5 Dia Mundial do Meio Ambiente e da Ecologia

Dia de *Corpus Christi*

Corpus Christi é uma festa religiosa da Igreja Católica. É uma festa móvel: acontece 60 dias depois do Domingo de Páscoa.
Em muitas cidades brasileiras se fazem tapetes de vários materiais nas ruas por onde passam as procissões. Se você puder, vá ver: é muito lindo!

12 Dia Mundial Contra o Trabalho Infantil

"Criança não trabalha, criança dá trabalho", veja na internet o vídeo dessa música gravada pelo Palavra Cantada.

13 Dia de Santo Antônio

Santo Antônio tem um nicho
A cada canto da aldeia
Reza-lhe o povo à noitinha
Depois de comer a ceia.

12 Dia dos Namorados

Esse dia foi escolhido no Brasil porque é véspera do dia de Santo Antônio, que é considerado um santo casamenteiro.
Em alguns países, o dia dos namorados é comemorado no dia de São Valentim, 14 de fevereiro.

13 Aniversário de Rio Branco, capital do Acre

Palácio e Museu Rio Branco

18 Dia do Piquenique
Convide seus amigos para fazer um piquenique.

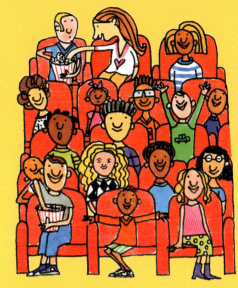

19 Dia do Cinema Brasileiro
O cinema brasileiro tem filmes muito bons!

21 Dia do Aperto de Mão

21 Dia Mundial do *Skate*
O *skate* foi criado pelos surfistas da Califórnia, nos Estados Unidos, numa época em que o mar estava sem onda para o *surf*. Fizeram a prancha de *skate* de madeira, imitando a prancha de *surf*, e usaram as estradas para praticar o esporte. Numa época que houve uma grande seca, descobriram que as piscinas vazias eram ótimas para manobras radicais.

22 Dia da Banana
Você sabia que o nome científico da banana é *Musa paradisíaca*?

24 Dia dos Discos Voadores
Você acredita em discos voadores?

24 Dia de São João
Como é bonita a fogueira de São João!

27 Dia do Vôlei

29 Dia do Pescador

Festas Juninas
Em comemoração aos quatro santos do mês – Santo Antônio, São João, São Pedro e São Paulo –, em muitas cidades do Brasil acontecem as festas juninas. São quermesses enfeitadas de bandeirinhas, com jogos, fogueira, comidas típicas e a tradicional dança da quadrilha.

29 Dia de São Pedro e de São Paulo

57

ROLA A BOLA

Rola a bola
Saindo da escola
O juiz apita
A criançada grita
A bola rola
O jogador rebola
Com a bola no pé
Parece o Pelé
Mas o outro pisa
Agarra a camisa
Jogador estrila
O apito trila
Acabou o torneio
Todos de escanteio!

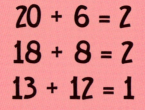

ESTAS CONTAS ESTÃO CERTAS OU ESTÃO ERRADAS?

20 + 6 = 2
18 + 8 = 2
13 + 12 = 1

Você achou que estão erradas?
Não estão, não.
Se você usar um objeto que tem em casa, vai descobrir que elas estão certas.
Encontre a resposta na página ao lado.

onde estão

1. Três pares de gêmeos?
2. Um homem de capacete?
3. Uma menina chupando um pirulito?
4. Um vendedor de lápis?
5. Um menino fantasiado de homem-aranha?

58 Ver resposta na página 63.

CRISTO REDENTOR

Inaugurada em 1931, em estilo *art déco*, a estátua do Cristo Redentor está localizada no morro do Corcovado, na cidade do Rio de Janeiro. É considerada uma das sete maravilhas do mundo moderno, e desde 2012 a Unesco a incluiu na lista de Patrimônios da Humanidade.

A resposta da questão da página anterior está escrita aqui. Olhe para a página como mostra esta figura.

MAIOR DO MUNDO

A maior estrada do mundo se chama Estrada 1.
Ela fica na Austrália e contorna a costa do país todo, passando por todos os estados. Tem 14.485 quilômetros.
Mais de 1 milhão de pessoas passam por essa estrada por dia.
Há quem considere a Rota Pan-Americana, que percorre da Argentina ao Alasca, a maior, mas a Rota Pan-Americana, com seus 48.000 quilômetros, é um conjunto de estradas, não é uma estrada só.

DE FUTEBOL!

EM 25 DE DEZEMBRO DE 1914, DURANTE A PRIMEIRA GUERRA MUNDIAL, OS INGLESES E OS ALEMÃES SUSPENDERAM AS HOSTILIDADES E FIZERAM UM JOGO DE FUTEBOL PARA COMEMORAR O NATAL.

O PRIMEIRO GOL EM COPA DO MUNDO FEITO PELO BRASIL FOI EM 1930, E QUEM FEZ ESSE GOL FOI PREGUINHO, CONTRA A IUGOSLÁVIA.

O PRIMEIRO GOL DE BICICLETA DO MUNDO FOI MARCADO EM 1931 POR LEÔNIDAS DA SILVA, O "DIAMANTE NEGRO", NUMA PARTIDA ENTRE O BONSUCESSO E O ESPORTE CLUBE CARIOCA, NO RIO DE JANEIRO.

O FUTEBOL DAS "MINAS"

As primeiras partidas de futebol feminino, no Brasil, ocorreram em 1920. Mas essas partidas, que se davam nos circos, não eram consideradas esporte, e sim espetáculo. Depois disso, havia algumas partidas nas periferias das cidades.

A primeira partida oficial de futebol feminino ocorreu no Brasil apenas em 1921, noticiada como um jogo "entre senhoritas dos bairros do Tremembé e da Cantareira". Mas em 1941 o futebol feminino foi proibido no Brasil e só foi regulamentado em 1983!

A primeira seleção brasileira de futebol feminino participou, em 1988, da Copa do Mundo da Espanha. O Brasil ganhou nessa copa seu primeiro título. Em 1991, a seleção oficial brasileira participou de uma copa de futebol feminino, na China. O Brasil ficou em nono lugar.

Em 2007, ocorreram os XV Jogos Pan-Americanos no Rio. O Brasil ganhou a última partida, contra os Estados Unidos, uma das seleções mais fortes do mundo, por 5 a zero. O gol da vitória foi de Marta, e, com ele, o Brasil ganhou a medalha de ouro.

Foi só em 2015 que o Brasil formou uma seleção permanente e no mesmo ano ganhou outra vez a medalha de ouro, nos XVII Jogos Pan--Americanos, no Canadá.

Seleção brasileira de futebol feminino de 2019

Mulheres jogando futebol em 1935, em Paris

AS ESTRELAS DO ESTRELA D'ALVA

GABRIELA

MARIANA

MIRIAM

ANINHA

TERESINHA

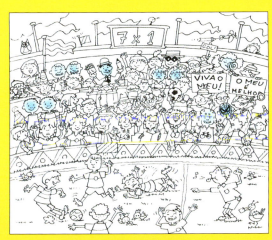
Resposta do "Onde estão", da página 58.

VOCÊ SABIA...

... que a cor média do universo é o verde-claro? Pesquisadores da Universidade John Hopkins, nos Estados Unidos, misturaram vários tons da luz de 200.000 galáxias e chegaram à cor verde-clara.

63

O ESPORTE NA HISTÓRIA

ORIGENS DO ESPORTE

Há muitos séculos, quando a principal preocupação do ser humano era a simples sobrevivência, a prática de atividades físicas ocorria naturalmente, motivada pelas necessidades básicas, como caçar e escapar de predadores. Correr, pular, rastejar, ser ágil e ter força eram qualidades muito importantes.

Com o passar do tempo, essas práticas foram usadas para preparar soldados para a guerra. Eles aprendiam a manejar armas, carregar objetos pesados e se organizar com disciplina. Aos poucos, essas atividades serviram como disputas, jogos de entretenimento e espetáculos.

OS JOGOS OLÍMPICOS

Com origem na Grécia, por volta de 770 antes de Cristo, os jogos olímpicos eram realizados de dois em dois anos, e cerca de duzentos povos da civilização grega participavam desse festival, que também tinha funções religiosas.

OS ESPORTES PELO MUNDO

Na China, o tênis de mesa é o esporte mais popular; nos Estados Unidos, é o beisebol; no Quênia, o atletismo; na Austrália, o rúgbi. No Brasil, todo mundo sabe: é o futebol.

AS MULHERES E O ESPORTE

Até 1896 não existiam vestiários femininos, pois não havia nenhuma mulher que praticasse esporte oficialmente. Em 1906, em Paris, 22 mulheres se apresentaram jogando tênis e golfe, croquet e vela, numa equipe mista. Com o passar dos anos, as mulheres foram entrando aos poucos nos esportes, até conseguirem participar de todos eles.

Madge Syers, patinadora, 1902

Charlotte Cooper, primeira campeã olímpica, nos Jogos Olímpicos de Paris em 1900, prova individual de tênis

Fanny Durack, primeira nadadora a ganhar o ouro olímpico

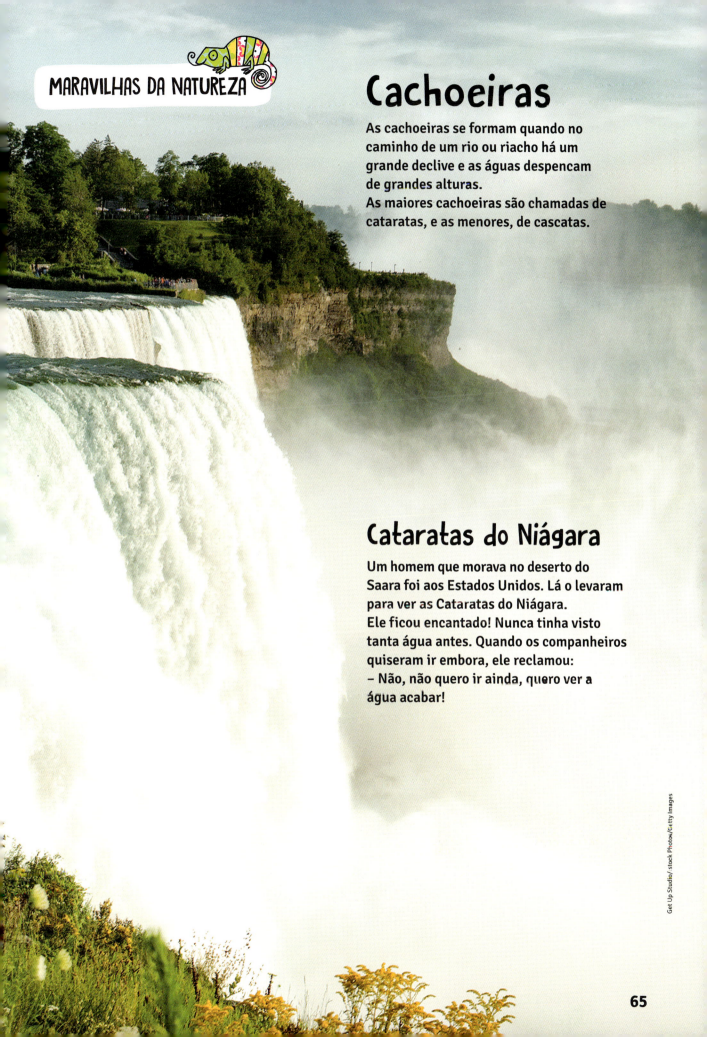

MARAVILHAS DA NATUREZA

Cachoeiras

As cachoeiras se formam quando no caminho de um rio ou riacho há um grande declive e as águas despencam de grandes alturas.
As maiores cachoeiras são chamadas de cataratas, e as menores, de cascatas.

Cataratas do Niágara

Um homem que morava no deserto do Saara foi aos Estados Unidos. Lá o levaram para ver as Cataratas do Niágara.
Ele ficou encantado! Nunca tinha visto tanta água antes. Quando os companheiros quiseram ir embora, ele reclamou:
– Não, não quero ir ainda, quero ver a água acabar!

Get Up Studio/ stock Photos/Getty Images

65

"Gabriela menina,
Gabriela levada,
Ô menina encapetada!"

É assim que começa o livro *Gabriela e a titia*.
A Gabriela, nesse livro, apronta uma com a tia Zulmira, que eu nem te conto!
Outra aventura bem divertida foi quando a Gabriela e a Teresinha se conheceram.
Essa história está no livro *Marcelo, marmelo, martelo*.
Ela também é a personagem principal do livro *As coisas que a gente fala*, em que a Gabriela inventa uma baita mentira.
E ainda, no livro *A menina que não era maluquinha e outras histórias*, tem um conto no qual a Gabriela faz mais uma travessura.

Julho

DATAS COMEMORATIVAS

2 Dia dos Bombeiros
Bombeiros, heróis da Pátria!

8 Dia dos Padeiros
Vivam os padeiros. São eles que fazem nosso alimento mais importante: o pão.

9 Dia dos Sonhadores
Sonhei um sonho bonito
Que até fiquei pensando.
E cheguei à conclusão:
Sonhei que estava sonhando!

10 Dia da Pizza
Oba! Me deu água na boca!

9 Aniversário de Boa Vista, capital de Roraima

Vista da Praça das Águas em Boa Vista

19 Dia Nacional do Futebol
No mundo inteiro se joga futebol. O Brasil é um dos países mais importantes nesse esporte.

13 Dia dos Cantores
Nossos cantores e cantoras nos dão muita alegria.

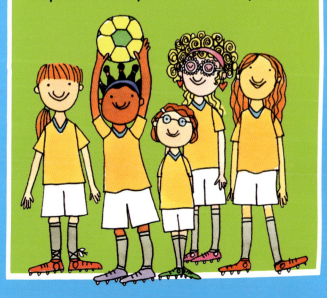

20 Chegada do Homem à Lua

A primeira pessoa a chegar à Lua foi Neil Armstrong. Foi no dia 20 de julho de 1969.

20 Dia Internacional dos Amigos

Amigo é uma coisa boa,
Todo mundo deve ter.
Só que do amigo da onça
Devemos todos correr.

Você sabe o que é amigo da onça? Volte para a página 18.

22 Dia dos Sábios

As sábias e os sábios descobrem, inventam, nos ensinam, nos orientam, são úteis. Quem não gosta de sabedoria é burro!

25 Dia dos Escritores

Escritores do mundo:
Uni-vos contra a besteira!

26 Dia da Vovó e do Vovô

25 Dia das Mulheres Negras

Salvem as mulheres negras, cada vez mais ativas, mais bonitas e mais queridas!

COISAS BRASIL

O saci

O saci é um personagem imaginário.
Segundo a lenda, faz uma porção de traquinagens: esconde coisas, estraga leite, derruba o que se está segurando. Monteiro Lobato, em 1918, escreveu um livro com depoimentos de pessoas de vários estados brasileiros sobre sacis. Depois, escreveu O saci, livro delicioso que você deve ler.

PIADINHAS

O PROFESSOR PERGUNTA:
- PARA QUE SERVEM OS OLHOS, GABRIELA?
- PARA ENXERGAR, PROFESSOR.
- E O NARIZ?
- PARA PÔR OS ÓCULOS, PROFESSOR.

- Ô GABRIELA, SUA REDAÇÃO SOBRE SEU CACHORRO ESTÁ IGUALZINHA À DO SEU IRMÃO!
- É CLARO! O CACHORRO É O MESMO!

MAIOR DO MUNDO

O maior país do mundo é a Rússia. Com 17 milhões de quilômetros quadrados, ocupa metade da Europa e um terço do território da Ásia.
A capital da Rússia é Moscou, com 10,5 milhões de habitantes.
A língua oficial da Rússia é o russo, mas dentro do seu território são falados cerca de 100 idiomas diferentes.

O QUE É, O QUE É?

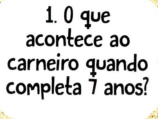

1. O que acontece ao carneiro quando completa 7 anos?

2. ... que com a cabeça fica mais baixo e sem a cabeça fica mais alto?

R: Entra no oitavo.

R: O travesseiro.

4. ... que nasce ora com a raiz pra cima, ora com a raiz pra baixo?

3. ... que quando vamos tem um nome e quando voltamos tem outro?

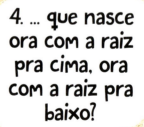

R: Subida e descida.

R: O dente.

CARTA ENIGMÁTICA DA GABRIELA

R: Gabriela e a mãe saíram cedo para a escola. Mas, quando passaram na feira, viram a barraca do seu Ono. E, quando viram que tinha pastel e caldo de cana, foram correndo para lá. E a escola?

MARAVILHAS DA NATUREZA

Raio

Quando duas nuvens estão carregadas de eletricidade, pode ocorrer uma descarga entre as duas, formando um raio.
O raio também pode ocorrer entre a nuvem e o solo. Esse fenômeno causa uma grande luminosidade, que se chama relâmpago, e um barulho forte, que se chama trovão.
Se você prestar atenção, vai perceber que a luz do raio se vê antes de se ouvir o som do trovão, porque a luz é mais rápida do que o som.

Amri Photo/Istock Photos/Getty Images

ARMANDINHO

Agosto

O Armandinho é um cara legal!
Ele sempre é juiz nos nossos jogos de futebol no campinho, pegado à casa do seu Manoel.
Seu Manoel tem um papagaio, o Bicão, que já armou a maior confusão num jogo de futebol.
Essa história está no livro
A decisão do campeonato.
O pessoal chateia o Armandinho, porque o juiz sempre para os jogos, apita quando fazem coisas malfeitas, dá as penalidades.
Mas jogar sem juiz não dá pé.
Fica uma confusão.
Essa história está no livro
Armandinho, o juiz.

Agosto

DATAS COMEMORATIVAS

Dia dos Pais
O Dia dos Pais é comemorado no segundo domingo do mês de agosto. Não precisa presente. Dê um abraço carinhoso no seu pai.

3 Dia dos Capoeiristas
Conheça a capoeira lendo a seção "Coisas do Brasil" do mês de outubro, na página 101.

5 Aniversário de João Pessoa, capital da Paraíba

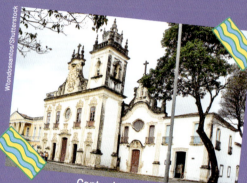
Centro histórico de João Pessoa

11 Dia dos Estudantes
Os estudantes do Brasil são a nossa maior riqueza.

12 Dia Nacional das Artes
Antigamente, eram consideradas artes sete manifestações da cultura: dança, música, escultura, pintura, teatro e literatura. Hoje em dia, muitas atividades são consideradas artes, como a fotografia, o cinema, a *performance*, a arte digital e muitas outras.

16 Aniversário de Teresina, capital do Piauí

Fachada da Prefeitura de Teresina

14 Dia do Protesto
Você pode protestar por qualquer coisa, mas, cuidado, que sua mãe pode protestar também.

78

17 Dia Nacional do Pão de Queijo
Vamos comer uns pãezinhos de queijo?

23 Aniversário de Porto Alegre, capital do Rio Grande do Sul

Praça dos Açorianos, em Porto Alegre

25 Dia dos Feirantes
Você gosta de ir à feira?

26 Aniversário de Campo Grande, capital do Mato Grosso do Sul

Parque das Nações Indígenas, em Campo Grande

22 Dia do Folclore
Lendas, provérbios, festas de rua, cantigas de roda ou de ninar... folclore é tudo isso e muito mais.

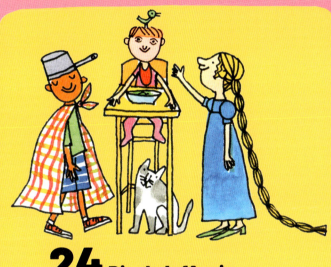

24 Dia da Infância
Você é criança? Então, fique contente. Você é a coisa mais importante que existe.

VOCÊ SABIA...

... que o dia **31** de agosto foi roubado de fevereiro para não ficar menor que o mês de julho? É que o mês de julho era dedicado ao imperador romano Júlio César, e agosto era dedicado ao imperador César Augusto, e um não podia ter o mês maior que o outro.

Vem tomar banho, menino!
Estás fedendo a felino!
Eu não posso agora, não:
Estou fazendo a lição.

Vem que está quase na hora;
É melhor vires agora.
Mas não posso, estou ocupado.
Estou até abafado.

Me disseste que estudavas...
O que é que tu estás fazendo?
Ai, mamãe, eu enganei-me,
Estou jogando *videogame*.

Esta pedra foi encontrada muito longe daqui e não se sabe o que ela quer dizer. Veja se você consegue descobrir.

R: São os algarismos de 1 a 9 espelhados.

Peça a ajuda de um adulto.

A taça musical

1. Pegue uma taça de cristal ou de vidro bem fino.

2. Encha de água sem chegar à borda.

3. Pegue a taça pela base com uma das mãos.

4. Molhe o dedo indicador da outra mão e passe suavemente pela borda da taça.

Veja que som bonito você consegue tirar.

5. Se encher várias taças com quantidades diferentes de água, você pode tocar várias notas musicais.

JABUTICABA

A jabuticaba é uma fruta típica do nosso país. Foi até criada a expressão "É uma jabuticaba" para as coisas que só existem no Brasil.
Narizinho, personagem de Monteiro Lobato, é louca por jabuticaba. No livro *Reinações de Narizinho* há uma cena em que ela come um monte de jabuticabas e acaba sendo mordida por uma vespa..

ENGARRAFAMENTO

Qual dos carros deverá dar marcha a ré para que os outros possam voltar a andar?

R: O carro 3.

MAIOR DO MUNDO

A cidade que tem o maior número de habitantes é Mumbai, na Índia, com 13,9 milhões de habitantes.
A que tem a maior área urbana é Nova York, com 16.600 quilômetros quadrados.

A ilha de Manhattan, que é parte da cidade de Nova York

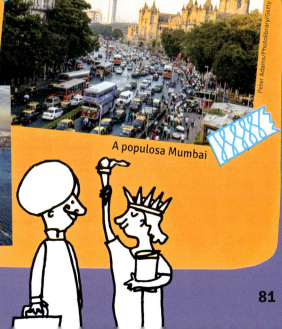

A populosa Mumbai

UMA HISTÓRIA DO ARMANDINHO

Laurinha era uma professora muito querida. Os alunos gostavam dela porque ela sempre inventava umas histórias diferentes, divertidas.

Naquele dia ela chegou apressada, dizendo que havia se atrasado porque estava acontecendo alguma coisa que ela não sabia o que era.

– É por causa do jogo – disse o Catapimba.

– Que jogo? – perguntou Laurinha.

– O jogo de futebol, professora – disse a Gabriela, como se a professora fosse uma boba por não saber disso.

– Que jogo de futebol? – perguntou a professora.

– Brasil e Argentina! – gritou o Armandinho, como se fosse a coisa mais conhecida do mundo.

– Ah – disse Laurinha – eu não entendo nada de futebol, acho uma coisa muito maluca!

– Maluca por quê? – perguntou o Marcelo.

– Ah, por que é que eles só batem na bola com os pés? Por que não pegam com as mãos?

– Ah, professora, não pode! – disse o Catapimba escandalizado.

– Mas tem um lá que pega com as mãos e ninguém reclama! – disse Laurinha, vitoriosa.

– Aquele é o goleiro – explicou a Teresinha, achando que a professora estava completamente por fora.

– E por que não dão uma bola para cada um?

– Não pode! – gritou todo mundo.

A TURMA DA NOSSA RUA

– E tem um lá que apita e todo mundo para de jogar! – disse ainda Laurinha.
– Ah, professora, é o juiz! – disseram várias crianças, rindo muito.
– E por que é que quando o juiz fica cansado ele não apita para parar o jogo e vai embora para casa? – perguntou a professora.
As crianças riram muito:
– Não pode!
– Não pode!
– Não pode!
– Por que não?
– Porque tem regras! – gritou o Catapimba triunfante.
– Ah, bom. Tem que ter regras. É como no trânsito, não é? Quando o sinal fica vermelho, todo mundo tem que parar. Quando fica verde, todo mundo pode andar. É porque tem regras.
Mariana concordou:
– É isso mesmo. Tem regras.
– E onde mais tem regras? – perguntou Laurinha.
– Ah, professora, em todo lugar. Na escola, por exemplo. Não pode ficar zoando durante as aulas... – disse Teresinha.
– E também não pode colar... – disse o Beto.
– O que mais? Alguém tem alguma ideia? – a professora insistiu.
– Não pode estragar o que é dos outros... quebrar os vidros... jogar lixo na rua, bater nas pessoas... – falou o Marcelo.
– E por que é que a gente tem que obedecer às regras? – perguntou Laurinha.
– Porque senão vira tudo uma bagunça! – disse o Armandinho, acabando com a conversa.

VOCÊ SABIA...

... que na Índia, há 5.000 anos, já existiam os botões? Naquele tempo, eram usados apenas como enfeites. No século XIII eles começaram a ser usados para fechar as vestimentas, e a saúde das pessoas melhorou, porque elas ficaram mais protegidas.

MARCELO AINDA QUER SABER...
- Ô ARMANDINHO, O QUE É NAÇÕES UNIDAS?
ARMANDINHO RESPONDE:
- A ORGANIZAÇÃO DAS NAÇÕES UNIDAS OU ONU, JÁ OUVIU FALAR? É UMA ORGANIZAÇÃO QUE FOI CRIADA PARA QUE TODOS OS PAÍSES SE DEEM BEM.

Isso é brincadeira?

A ilha de Niue, que fica no meio da Oceania, perto da Nova Zelândia, possui moedas que têm, de um lado, o retrato da rainha Elizabeth e do outro, personagens da Disney, de Guerra nas Estrelas e de Pokémon.

Piadinhas

COMO OS ESQUIMÓS SE VESTEM?

R: Muito rápido, senão morrem de frio.

AS TIAS ESTÃO CONVERSANDO NA SALA, QUANDO CHEGA O ARMANDINHO.
UMA DELAS COMENTA:
- MAS QUE MENINO BONITO! - DIZ UMA.
- TEM OS OLHOS DA MÃE - DIZ OUTRA.
- E O NARIZ DO PAI - DIZ A TERCEIRA.
- É - DIZ O ARMANDINHO. - E AS CALÇAS SÃO DO MEU IRMÃO.

- PAI, O QUE É UM LADRÃO?
- IMAGINE QUE EU PONHA A MÃO NO SEU BOLSO E TIRE UMA NOTA DE CEM REAIS. O QUE EU SOU?
- UM MÁGICO!!

MARAVILHAS DA NATUREZA

Meteoros

São corpos celestes que, quando entram na atmosfera da Terra, pegam fogo e deixam no céu um risco luminoso. Também são chamados de estrelas cadentes. Se os meteoros não se desmancharem no ar, caem na Terra e se transformam em meteoritos.

E METEOROLOGIA? É O ESTUDO DOS METEOROS?

NÃO, METEOROLOGIA É O ESTUDO DOS FENÔMENOS ATMOSFÉRICOS, QUE PREVÊ O CLIMA DA TERRA.

Setembro

O Carlinhos é um amigo novo da nossa turma.
Ele era nosso rival, porque jogava de goleiro no Sai-de-Baixo Futebol Clube, o time da outra rua.
A gente, antigamente, chamava ele de Batata.
E na história *O piquenique do Catapimba*, foi ele que juntou a gente com a turma da Rua de Baixo.
Antigamente ele não jogava futebol. Só queria saber de internet.
E também acreditava em toda propaganda que via.
A história dele está no livro *No tempo que a televisão mandava no Carlinhos*.

Setembro

DATAS COMEMORATIVAS

1 Dia do Profissional de Educação Física
É muito bom a gente se movimentar todo dia. E o profissional de educação física pode nos ajudar.

5 Dia da Amazônia
A Amazônia é um tesouro que o Brasil tem. Mas é preciso parar de derrubar e queimar as árvores, que os tesouros também acabam.

Imagem do desmatamento da Amazônia

7 Dia da Independência do Brasil
Neste dia, em 1822, nos tornamos independentes de Portugal. Mas, para sermos independentes mesmo, temos que estudar muito.

8 Dia Mundial da Alfabetização
Saber ler e escrever é uma das coisas mais importantes da nossa vida. Ensine alguém a ler.

8 Aniversário de Vitória, capital do Espírito Santo

Vista aérea da cidade de Vitória

8 Aniversário de São Luís, capital do Maranhão

Centro histórico de São Luís do Maranhão

9 Dia do Cachorro-Quente
Inventar o cachorro-quente foi uma ideia genial!

16 Dia Internacional para a Preservação da Camada de Ozônio

A camada de ozônio envolve a Terra e protege os organismos vivos da radiação emitida pelo Sol. Sem ela, a vida no nosso planeta como conhecemos hoje não existiria.

Terra vista do espaço

19 Dia Nacional do Teatro

21 Dia da Árvore

A árvore nos dá tudo: frutas para se comer, ar para se respirar, sombra para se descansar, cascas para se aproveitar, folhas para se curar.

23 Dia do Sorvete

Esse dia do sorvete
Devia ser no verão.
Quem me dera!
Nem tudo é como se espera
Tomemos sorvete
Na primavera.

22 Dia Mundial Sem Carro

Nós somos, antes de tudo, pedestres.

27 Dia de São Cosme e São Damião

São Cosme e São Damião são santos da igreja católica. Mas as religiões de origem africana também cultuam esses santos.

Dica da Ruth

Leia o livro *Rubens, o semeador* e veja como se planta uma árvore.

89

UMA HISTÓRIA DO CARLINHOS

Eu vou contar uma história
De um cara que eu conhecia.
Comprava, comprava tudo,
Era mesmo uma agonia.
Chiclete, bola, joguinho,
Carlinhos sempre queria.
Sanfona, bola de gude,
Carlinhos também queria.
Revistinha de quadrinhos
Ele já tinha um milhar.
Tudo o que via, comprava,
Tudo queria comprar.

E então percebeu um dia:
Em vez de ficar brincando,
Passava o tempo todinho
Apenas colecionando.
Chamou os amigos todos
E lhes deu cada brinquedo.
Cada jogo, balas, bolas,
Deu tudo sem nenhum medo.
E agora brinca com eles.
E neste imenso país,
Não há nenhuma criança
Como o Carlinhos, feliz!

DESENHO INVISÍVEL

Você precisa de:
- Uma folha de papel
- Uma vela branca
- Tinta aquarela ou guache
- Um pincel

1. Faça um desenho sobre o papel com a vela.

2. Passe a tinta por cima.

3. Veja o que acontece.

Brasília

Brasília é uma cidade que foi construída especialmente para ser a capital do Brasil. Foi inaugurada em 1960.
Por sua beleza e por seu estilo moderno, é uma cidade única no mundo.
É a sede do governo federal e é Patrimônio Cultural da Humanidade desde 1987.

O Palácio da Alvorada, sede da presidência da República

EXPLORADORES MISTERIOSOS

Substitua cada letra pela letra anterior do alfabeto e descubra o que um explorador disse para o outro.

R: ACHO QUE O TIGRE ESTÁ POR PERTO.

BDIP RVF P
UJHSF FTUB
QPS QFSUP!

MAIOR DO MUNDO

O maior continente do mundo é a Ásia, que tem 45 milhões de quilômetros quadrados, e sua população é de cerca de 4,5 bilhões de habitantes.
Só a China tem mais de 1 bilhão e trezentos mil habitantes.
Na Ásia ainda estão: Índia, Japão, Paquistão e muitos outros países.

Os continentes do mundo

91

FEIRINHA DE TROCAS

O Carlinhos teve uma ideia genial.
Ele inventou de fazer uma feirinha de trocas na escola.
A gente levou brinquedos que a gente não brincava mais, levou livros que a gente já tinha lido e roupas que a gente não usava mais.
E trocamos tudo! Foi superdivertido!

EVITE O USO DE OBJETOS DE PLÁSTICO

Hoje em dia já sabemos que o plástico é muito poluente. Alguns objetos, como garrafas, sacolas e canudos, vão parar no mar e prejudicam a vida marinha. Não use copos de plástico descartáveis. Tenha sempre um copo na mochila. Não use canudos de plástico. Use de metal ou de papel. Não use sacola de plástico. Tenha sempre uma sacola de pano para compras.

VAMOS RECICLAR PAPEL?

Você vai precisar de:
- Restos de papel variado
- Várias folhas de jornal
- Um pano de prato
- Uma esponja
- Uma xícara de chá
- Uma peneira plana
- Uma bacia em que caiba a peneira
- Um balde
- Água
- Um liquidificador (peça ajuda a um adulto)

1. Encha o balde com a água, rasgue todo o papel em pedacinhos pequenos e jogue lá dentro.

2. No copo do liquidificador, coloque água até ¾ da altura. Junte uma xícara de chá do papel do balde, que deve estar bem encharcado.

3. Bata bem, até que forme uma pasta. Repita a operação e vá colocando a pasta na bacia, até que ela fique cheia.

4. Retire com a peneira uma porção da massa e espere um pouco para escorrer a água.

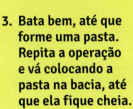
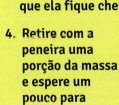

5. Coloque essa peneira com a massa sobre o pano de prato em cima de uma mesa. (Escolha uma mesa velha ou que possa ser molhada.) Cubra com folhas de jornal e, com a esponja, vá pressionando e secando a massa.

6. Quando estiver quase seca, vire a peneira e solte a massa, batendo de leve para ela sair.

7. Coloque para secar. Agora você tem uma folha nova de papel, que você fez!

VOCÊ SABIA...
... que cada pessoa possui de 100 mil a 120 mil fios de cabelo?

OUTRA HISTÓRIA DO CARLINHOS

Uma vez, um molequinho
O nome dele é Carlinhos
Acordou de manhãzinha,
Com uma preguiça daninha.

Ele tinha de ir para a escola,
Com seus livros na sacola,
Mas que sono ele sentia...
Quanto mais ele dormia...

Acabou se levantando,
Os seus olhos esfregando.
Ainda foi tomar café,
E pra escola, correu a pé.

Chegou no meio da aula
E lá estava dona Paula
– Doutor Carlinhos Machado!
O senhor está atrasado!

– Dona Paula, um instantinho!
– foi respondendo o Carlinhos.
– Havia uma pedra redonda,
Bem no meio do caminho!

– Uma pedra no caminho?
Como é possível, Carlinhos?
Faz favor de me explicar:
Não dava para pular?

– Mas era uma pedra imensa!
O que é que a senhora pensa?
– Então diga de uma vez,
Como foi que você fez?

– Bem... – foi dizendo o Carlinhos
Pensando mais um pouquinho.
– É que o sol foi esquentando...
E a pedra acabou rachando!

– A resposta não está boa...
Que pedra não racha à toa!
– A senhora tem razão!
Vou lhe dar a explicação.

Acontece que o pedrão
Na verdade era um ovão!
De dentro daquela pedra
Apareceu um frangão!

– Que história complicada!
Não estou entendendo nada!
Que frangão é esse agora?
Que coisa fora de hora!!

– A senhora tem razão...
Dona Paula, me desculpe!
Eu tive esse pesadelo
Pois comi muito ketchup!

Um policial viu um motorista de caminhão que vinha na contramão. Por que foi que ele não multou o motorista?

R: O motorista vinha andando a pé.

94

MARAVILHAS DA NATUREZA

Juan Villa/Opção Brasil Imagens

Pororoca

A pororoca é uma grande onda que se forma quando, na maré cheia, as águas de um rio se encontram com as águas do mar.
A onda pode alcançar 4 metros de altura e pode avançar até 50 quilômetros rio adentro. Pode também durar até 1 hora e meia.
No Brasil, na região amazônica, a pororoca é comum, mas também ocorre em outras regiões, onde as marés são muito altas.

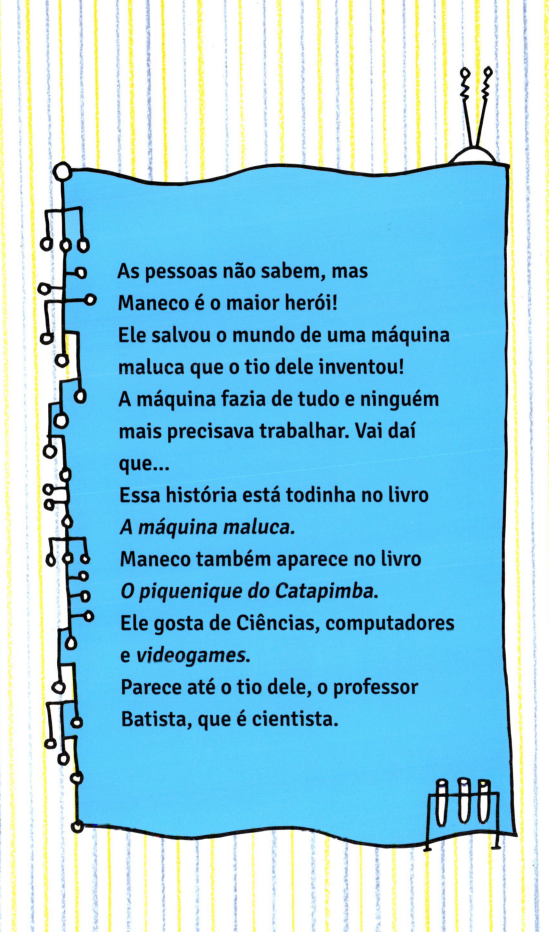

As pessoas não sabem, mas
Maneco é o maior herói!
Ele salvou o mundo de uma máquina
maluca que o tio dele inventou!
A máquina fazia de tudo e ninguém
mais precisava trabalhar. Vai daí
que...
Essa história está todinha no livro
A máquina maluca.
Maneco também aparece no livro
O piquenique do Catapimba.
Ele gosta de Ciências, computadores
e *videogames*.
Parece até o tio dele, o professor
Batista, que é cientista.

Outubro

DATAS COMEMORATIVAS

1 Dia da Palavra Dada
Se der sua palavra, você tem que cumprir.

2 Aniversário de Porto Velho, capital de Rondônia

Vista aérea de hidrovia e ponte de concreto sobre o rio Madeira

3 Dia das Abelhas
As abelhas fertilizam as plantas, mas sua existência está ameaçada. Sem abelhas, não só a agricultura pode acabar, como toda a natureza entraria em desequilíbrio.

4 Dia dos Animais
É muito bonita a diversidade das espécies animais. Ela ajuda a manutenção das florestas e da biodiversidade vegetal. Em nosso planeta uns dependem dos outros.

5 Dia das Aves
Cardeais e beija-flores
Cambaxirras, colibris
Pintassilgos, canarinhos
Pica-paus e juritis.

4 Dia da Natureza
A natureza é tudo! Nós também fazemos parte dela.

12 Dia das Crianças
Geraldo, Edith, Ricardo,
Lenice, Cecy, Leonardo,
Das Dores e Conceição,
Pedro, Gustavo, Raimundo,
Toda criança do mundo
Mora no meu coração!

15 Dia dos Professores

Os professores tiram a gente da ignorância. Tem alguma coisa mais importante?

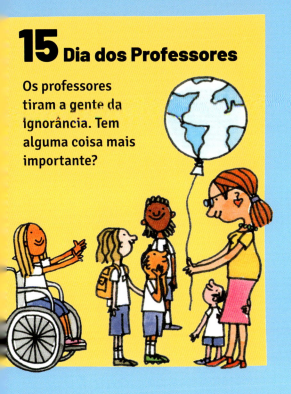

17 Dia da Música Popular Brasileira

A melhor do mundo!

20 Dia dos Poetas

O poeta é um fingidor.
Finge tão completamente
Que chega a fingir que é dor
A dor que deveras sente.

Fernando Pessoa

24 Aniversário de Manaus, capital do Amazonas

Teatro Amazonas, tendo o rio Negro ao fundo

24 Aniversário de Goiânia, capital de Goiás

Parque Flamboyant, em Goiânia

25 Dia do Macarrão

25 Dia da Democracia

Como hoje é dia da democracia, podemos todos comer macarrão!

29 Dia Nacional do Livro

Já pensou que o livro aumenta nossa memória?

Dica da Ruth

Leia o livro *Poemas com macarrão*, de Fabrício Corsaletti.

A CIÊNCIA É O MÁXIMO

Quem não gosta da ciência,
Não vive a modernidade.
Vai ficar bem atrasado
Não aprecia a verdade.

Diz que ninguém foi à Lua,
Que a Terra pode ser plana,
Não existe aquecimento,
É um grandíssimo banana.

E você que está me lendo
Tem que ficar muito atento,
Estudar, ler e pensar,
E viva o conhecimento!

BRINCANDO COM OS NÚMEROS

O número **142.857** é um número muito interessante. Veja só.
Se você multiplicar esse número por 2, o resultado será 285.714, que é formado pelos mesmos algarismos que 142.857.
Se multiplicar por 3, 4, 5 e 6 acontecerá a mesma coisa.

142.857 × 2 = 285.714
142.857 × 3 = 428.571
142.857 × 4 = 571.428
142.857 × 5 = 714.285
142.857 × 6 = 857.142

E SE MULTIPLICAR POR 7? EXPERIMENTE E TENHA UMA SURPRESA!

R: 999.999

MAIS BRINCADEIRAS COM NÚMEROS

A) QUANTAS VEZES VOCÊ PODE SUBTRAIR O NÚMERO 20 DO NÚMERO 200?

B) QUANTO DÁ:
1 × 2 × 3 × 4 × 5 × 6 × 7 × 8 × 9 × 0?

C) QUAL É O NÚMERO QUE, SOMADO A OUTRO, DÁ UM RESULTADO MAIOR DO QUE SE ELE FOR MULTIPLICADO PELO MESMO NÚMERO?

D) QUANTA TERRA VOCÊ PODE TIRAR DE UM BURACO DE 1 METRO DE LARGURA POR 1 METRO DE PROFUNDIDADE?

R: A) Só uma. Na segunda vez você já vai subtrair do número 180. B) Zero, pois qualquer número vezes zero é zero. C) Um. D) Não dá para tirar terra, porque já é um buraco.

COISAS DO BRASIL

Capoeira

A capoeira é uma luta que foi inventada pelos africanos que vieram para o Brasil, há muito, muito tempo. Como a luta era proibida, eles tocavam instrumentos e cantavam, fingindo que era uma dança. Ela só foi liberada em 1930 e foi considerada um esporte. Hoje é Patrimônio Imaterial da Humanidade.

ELETRICIDADE ESTÁTICA

Abra uma torneira, mas deixe que a água escorra lentamente e bem uniforme.
Passe um pente de plástico várias vezes pelos cabelos.
Vá aproximando o pente do jato de água, até que a água se curve na direção do pente.
Não é incrível?

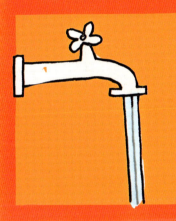  

MAIOR DO MUNDO

O maior oceano do mundo é o Pacífico, com 180 milhões de quilômetros quadrados.
Ele contém mais da metade da água da Terra.
É tão grande que poderia conter todos os continentes!

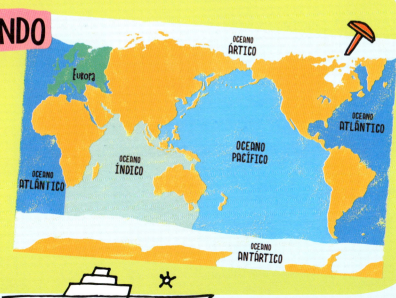

101

QUANTAS LUAS!

Astrônomos descobriram mais doze luas em Júpiter. Agora sabemos que Júpiter tem 79 luas.

ELEVADOR ESPACIAL

Parece brincadeira, mas não é. Quatro entidades, públicas e privadas, a NASA e o Google nos Estados Unidos; a Thoth, no Canadá, e a Obayashi, no Japão, têm projetos para construir um elevador espacial. Esse elevador correria por um cabo de 36.000 quilômetros de comprimento em direção ao espaço. Parece ou não parece brincadeira?

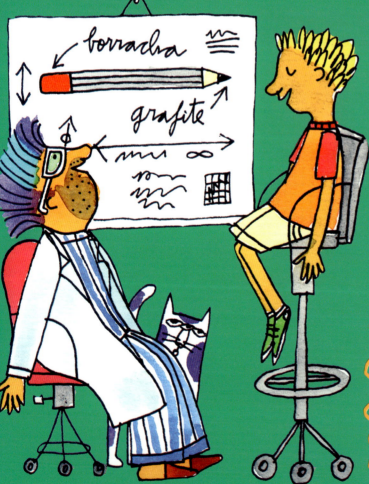

A MAIOR PROVA DE QUE ERRAR É HUMANO FOI A INVENÇÃO DO LÁPIS COM UMA BORRACHA NA PONTA.

VOCÊ SABIA...

... que o Brasil tem um vulcão que é o mais antigo do mundo? Tem 1,9 bilhão de anos e 22 quilômetros de diâmetro. É o vulcão Amazonas. Felizmente, ele está extinto.

Máquina maluca

Para que lado devemos virar a manivela para levantar o mundo?

R: Para a direita: a seta verde é a que levanta o mundo.

Magiquinha com lápis

Você só precisa de um lápis e de um lenço ou guardanapo de pano ou de papel, maior que o lápis.

1. Dobre o lenço ou guardanapo como mostra a figura, sem juntar ponta com ponta.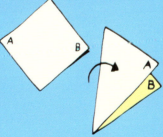

2. Coloque o lápis conforme a ilustração.

3. Agora, enrole o guardanapo em torno do lápis.

4. Dobre a ponta de cima sobre o rolinho de guardanapo e peça a alguém que segure a ponta de baixo.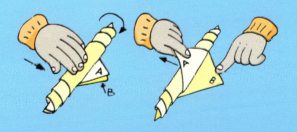

5. Puxe a ponta de cima e veja o que acontece.

PERGUNTAS QUE TÊM RESPOSTA

1) POR QUE É QUE O MAR NÃO TRANSBORDA?

– Porque já transbordou. A água do mar chegou até as partes mais fundas da Terra. Mas, com o aquecimento global e as geleiras derretendo, a quantidade de água na Terra pode aumentar e inundar grandes áreas.

2) O QUE É A AREIA?

– É farelo de rocha. As rochas se esfarelam por causa da chuva que cai nelas, por causa dos ventos e das pedras, que caem umas sobre as outras.

PERGUNTAS QUE NÃO TÊM RESPOSTA

POR QUE AS OVELHAS NÃO ENCOLHEM QUANDO CHOVE, E AS MALHAS DE LÃ ENCOLHEM QUANDO SÃO LAVADAS?

POR QUE É QUE AS PESSOAS ACHAM QUE OS MARCIANOS SÃO VERDES?

POR QUE NÃO EXISTE COMIDA DE GATO COM SABOR DE RATO?

POR QUE É QUE NUNCA ACONTECEU DE UM ADIVINHO GANHAR NA LOTERIA?

MARAVILHAS DA NATUREZA

Montanhas

As montanhas são grandes elevações de terra e rochas.
24% da superfície da Terra está coberta por montanhas, e 10% da população do mundo vive em montanhas. A maior parte dos rios nasce nas montanhas, também. Grandes conjuntos de montanhas se chamam cordilheiras.

ANINHA

Novembro

Esta é a Aninha.
Ela é a minha irmãzinha, ela é pequenininha mas muito animada.
Ela gosta muito do Latildo, nosso cachorro.
Ela não tem ainda uma história só dela, mas aparece no livro da minha família: *A família do Marcelo*.
Vou pedir para a Ruth Rocha escrever uma história bem bonita para a Aninha.
Não vai ser bom?

Novembro

DATAS COMEMORATIVAS

15 Dia da Proclamação da República

Nesse dia, em 1889, o Brasil deixou de ser dirigido por reis e imperadores e passou a eleger um presidente da República.

1 Dia de Todos os Santos

Você sabia que na igreja católica existem mais de 3.000 santos?

4 Dia dos Inventores

> QUAL FOI A MAIOR INVENÇÃO DO MUNDO?
> A RODA, O TELESCÓPIO OU O SATÉLITE ARTIFICIAL?
> O QUE É QUE VOCÊ ACHA?

17 Dia da Criatividade

Imagine, invente, dance, cante, pinte, cole... Seja livre, crie!

19 Dia Mundial do Vaso Sanitário

Parece brincadeira, mas não é. O Dia Mundial do Vaso Sanitário foi criado pela ONU em julho de 2003, para conscientizar os governos sobre a importância do saneamento básico. Acesso à água tratada, à coleta regular de lixo e de esgoto são direitos de todos!

19 Dia da Bandeira

O Brasil tem cinco símbolos: a bandeira, o hino, o selo, as armas e... o sabiá.

25 Dia da Baiana do Acarajé

O que é que a baiana tem? Faz acarajé como ninguém. Veja mais sobre a baiana do acarajé na página 111.

29 Dia do Nhoque da Fortuna

Nesse dia convidam-se os amigos para comer nhoque. E debaixo de cada prato põe-se uma nota de dinheiro para dar sorte.

20 Dia Nacional da Consciência Negra

Esse dia é consagrado a lembrar a resistência à escravidão por parte do povo negro. É o aniversário da morte de Zumbi dos Palmares, um africano que nasceu livre, mas foi escravizado aos seis anos de idade e foi morto em 1695, lutando pela liberdade.

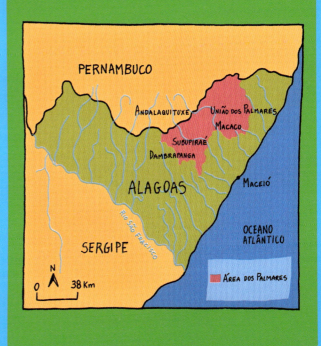

UM POEMA PARA ANINHA

A irmãzinha do Marcelo
Chama-se Ana Beatriz.
Ela é muito inteligente
E também é bem feliz.

Gosta de brincar de tudo,
De roda e de pegador.
Sabe andar de bicicleta
E gosta muito de flor.

E até joga futebol
'té parece um campeão.
Corre, dribla, chuta em gol
Aninha joga um bolão!

MAGIQUINHA

Você vai precisar:
- Vestir uma roupa de mangas compridas.
- Uma caixa de fósforos vazia.
- Uma caixa de fósforos meio cheia.
- Um elástico do tamanho de seu pulso.

INSTRUÇÕES:

1. Ponha o elástico no seu pulso e prenda a caixa de fósforos meio cheia nele e cubra com sua manga.

Agora pode fazer a mágica.

2. Pegue a caixa de fósforos vazia e abra, para mostrar que está vazia.
3. Feche a caixa e balance. A caixa com fósforos vai fazer barulho.
4. Agora, abra a caixa vazia e mostre que está vazia.

110

A Baiana do acarajé

As baianas do acarajé são vendedoras de rua de acarajé e de outras delícias afro-brasileiras. Vestem-se com trajes típicos, que foram popularizados no mundo inteiro por Carmen Miranda.
Em 2012, foram reconhecidas como Patrimônio Imaterial da Bahia.
Você já experimentou acarajé?

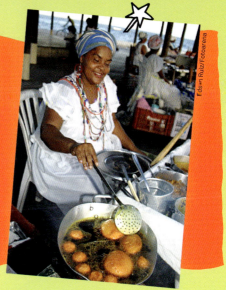

UM DESENHO DIFERENTE

Você precisa de:
- Uma folha de papel
- Canetas coloridas ou lápis de cor
- Um bastão de lápis de cera preto ou escuro

1. Faça manchas no papel com as canetas de cor forte.

2. Cubra a folha toda com o lápis de cera escuro.

3. Com um palito, faça um desenho raspando a camada de lápis de cera.

 ## MAIOR DO MUNDO

A maior ilha do mundo é a Groenlândia. Ela fica bem pertinho do Polo Norte. Ela pertence à Dinamarca, mas seu governo é independente.
85% da ilha é coberta por gelo, e ela tem 2.175.000 quilômetros quadrados.
Na costa leste da ilha vivem os esquimós ou inuits.

PIADINHAS DA ANINHA

ANINHA, PERDIDA NO *SHOPPING*, PERGUNTA AO GUARDA:
– SEU GUARDA, O SENHOR NÃO VIU UM CASAL SEM UMA MENININHA IGUAL EU?

ANINHA NO PARQUINHO:
– NA RODA-GIGANTE EU ENJOEI...
NA MONTANHA-RUSSA ME APAVOREI!
NO PALÁCIO DE ESPELHOS NÃO ME ENCONTREI...
NO TREM FANTASMA QUASE PIREI!
NA TENDA DE TIRO ME ARRUINEI.
QUE TARDE BOA!
COMO EU GOSTEI!

MAMÃE PERGUNTA À ANINHA:
– ESCOVOU OS DENTES?
ANINHA RESPONDE:
– QUASE TODOS.
MAMÃE RECLAMA:
– TEM QUE ESCOVAR TODOS!
ANINHA RETRUCA:
– EU NÃO TENHO TODOS AINDA!

VOCÊ SABIA...

... que o nome da Rússia vem de *russ*, que quer dizer "vermelho"? Esse nome era dado aos *vikings*, que tinham barbas e cabelos ruivos e invadiram a Europa saindo do Leste europeu e chegando até a Rússia.

112

HISTÓRIA QUE A RUTH ROCHA ESCREVEU

ANINHA E A BALANÇA DA FARMÁCIA
ANINHA FOI À FARMÁCIA COM O PAPAI.
LOGO QUE ENTRARAM, VIU UMA MÁQUINA ESTRANHA, BEM NA ENTRADA:
– O QUE É ISSO? – ELA PERGUNTOU AO PAPAI.
– ISSO É UMA BALANÇA, PARA A GENTE SE PESAR E VER QUANTOS QUILOS TEM.
– POSSO SUBIR NELA?
– ESPERA UM POUCO – O PAPAI FALOU. – VOU COMPRAR UMA FICHA, PARA PÔR NA BALANÇA E ELA FUNCIONAR.
O PAPAI FOI BUSCAR A FICHA E ANINHA FICOU ESPERANDO.
MAS ELA FOI FICANDO IMPACIENTE, ENTÃO SUBIU NA BALANÇA.
ESSA BALANÇA ERA DAQUELAS QUE FAZEM TUDO SOZINHAS. ATÉ FALAM.
ENTÃO A BALANÇA FALOU:
– QUEIRA INTRODUZIR A FICHA NO LOCAL INDICADO.
ANINHA, MUITO EDUCADA, RESPONDEU:
– MEU PAI FOI BUSCAR A FICHA PARA INTRODUTAR!
A BALANÇA REPETIU A GRAVAÇÃO:
– QUEIRA INTRODUZIR A FICHA NO LOCNL INDICADO.
ANINHA FICOU UM POUCO ABORRECIDA E DESTA VEZ RESPONDEU UM POUCO MAIS ALTO.
– MEU PAI FOI BUSCAR A FICHA PARA INTRODUTAR! JÁ FALEI.
MAS A MÁQUINA, IMPASSÍVEL, TORNOU A DIZER:
– QUEIRA INTRODUZIR A FICHA NO LOCAL INDICADO.
QUANDO O PAPAI CHEGOU COM A FICHA, ANINHA ESTAVA AOS BERROS COM A MÁQUINA:
– MEU PAI FOI BUSCAR A FICHA PARA INTRODUTAR, SUA MÁQUINA BURRA!

MARAVILHAS DA NATUREZA

Cometas

Os cometas são corpos celestes do Sistema Solar.
Quando se aproximam do sol, começam a apresentar uma cauda que se estende pelo céu. Os cometas provocavam muito medo no passado. Hoje já conhecemos mais sobre eles.

O Beto é amigo de todo mundo.
E ele não é amigo só das crianças, não.
É amigo do dono da padaria, do sapateiro, da pipoqueira, ele gosta muito de conversar.
Ele também é o melhor da nossa turma em Matemática.
Mas o que ele mais gosta é de cuidar de plantas e de bichos. Ele sabe o nome de tudo que é flor e planta.
Um dia ele resolveu plantar uma árvore. Essa história está num livro que se chama *A árvore do Beto*.

Dezembro

DATAS COMEMORATIVAS

2 Dia da Astronomia
O estudo dos astros e dos outros corpos celestes nos faz conhecer o Universo, que é onde todos nós estamos.

2 Dia Nacional do Samba
O samba é uma mistura de ritmos africanos e brasileiros. Tocar, cantar e dançar o samba é uma das alegrias do Brasil.

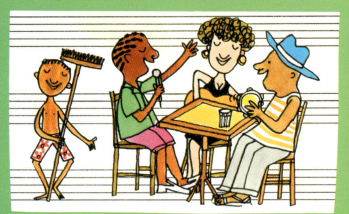

5 Dia Mundial do Solo
O solo é muito importante para a Terra, pois ele sustenta grande parte da vida. Não se deve estragar o solo, derrubando árvores e jogando veneno nas plantações.

5 Aniversário de Maceió, capital de Alagoas

Maceió, praia de Pajuçara

6 Dia de São Nicolau
A figura do Papai Noel foi inspirada na de São Nicolau, padroeiro da Rússia, da Grécia, dos marinheiros e das crianças.

10 Dia Universal do Palhaço

Palhaço visita criança doente em hospital

10 Dia da Declaração Universal dos Direitos Humanos
Todas as pessoas têm direitos. Isso quer dizer que todas as pessoas têm que ser tratadas com dignidade. Todas. Mas todas mesmo!

12 Aniversário de Belo Horizonte, capital de Minas Gerais

A capela da Pampulha, em Belo Horizonte

13 Dia do Marinheiro

Faça um barquinho de papel, ponha numa bacia d'água e brinque de marinheiro.

23 Dia do Vizinho

Dica da Ruth

Você conhece o livro *Vizinho, vizinha?* Ele conta a história de dois vizinhos que nunca se falavam, até que um dia... Seus autores são: Mariana Massarani, Roger Mello e Graça Lima.

24 Véspera de Natal

Vamos nos reunir com a família e com os amigos. Não é ótimo estar com as pessoas de quem a gente gosta?

25 Dia de Natal

O galo já está cantando,
A estrela já está brilhando,
Mostrando qual é o caminho.
Venham com muita alegria,
Venham que hoje é dia,
Natal de Jesus Cristinho!

25 Aniversário da cidade de Natal, capital do Rio Grande do Norte

As dunas de areia e o mar azul de Jenipabu, em Natal

31 Último Dia do Ano

Dia da esperança.

Dica da Ruth

Pegue um papel, anote as coisas que você quer fazer no ano que vem. No meio do ano, abra o papel e confira o que você já fez.

LÁ VÊM AS FÉRIAS

Um dia desses vou viajar
Pro Tombuctu ou para Mianmar.
Eu vou de avião
Para o Turquestão;
Aproveito e passo pelo Japão.
Também vou passar na República Tcheca.
Mas pra lá eu vou de bicicleta.
Vou dar um pulinho em Jurubatuba.
E acabo a viagem em Itaquaquecetuba.

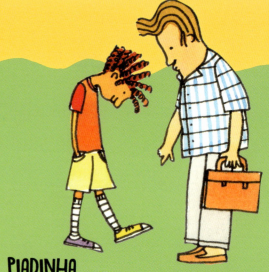

PIADINHA

O BETO ESTÁ BRINCANDO NO RECREIO, COM UM TÊNIS DE CADA COR.
PASSA UM PROFESSOR:
— Ô MENINO, VOCÊ ESTÁ COM UM TÊNIS DE CADA COR!
E O BETO:
— ISSO NÃO É NADA. TENHO OUTRO PAR IGUAL LÁ EM CASA.

MOSTRE QUE TEM PODER

Peça ao seu amigo para ficar bem embaixo de uma porta.
Agora diga para ele abrir os braços contra os batentes da porta e fazer bastante força.
Deixe que ele fique um tempo nessa posição.
Peça para ele dar um passo à frente e diga:
— Abra os braços!
E veja o que acontece.

Pense antes de responder

Um avião vai de uma cidade a outra em 1 hora e 20 minutos. Mas para voltar leva 80 minutos. Como se explica isso?

R: 1 hora e 20 minutos é a mesma coisa que 80 minutos.

120

# COISAS BRASIL

ESCOLA DE SAMBA

Você já assistiu a um desfile de escola de samba? Você já desfilou numa escola?

A escola de samba é uma espécie de clube que se reúne para cantar e dançar samba. Também realiza muitas obras sociais nas comunidades onde ficam suas sedes.

O momento mais alegre das escolas é o Carnaval, quando os integrantes desfilam fantasiados para uma grande plateia, cantando o samba-enredo do ano, acompanhados pela bateria.

VEJA QUE BONITO

Vamos plantar um grão de feijão, para que você veja ele crescer?

Você precisa de:
- Um copo transparente
- Um maço de algodão
- 3 grãos de feijão

INSTRUÇÕES:

1. Ponha o maço de algodão dentro do copo.
2. Mantenha o algodão bem molhado.
3. Ponha os grãos separados dentro do copo, encostados no vidro, abaixo do algodão.
4. Todo dia dê uma olhada, para ver o que acontece.

MAIOR DO MUNDO

Existem muitos grandes lagos no mundo, como o lago dos Escravos, na América do Norte, o Malawi, na África ou o Grande Lago do Urso, no Canadá.

Mas o maior mesmo é o lago Baikal, na Sibéria, Rússia. É o mais profundo, com 1.680 metros de profundidade e 31.500 quilômetros quadrados de superfície. E ainda por cima é o maior em volume de água doce do mundo.

O lago Baikal, visto do espaço

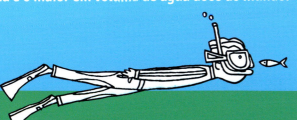

A TERRA NÃO ESTÁ EM PERIGO O QUE ESTÁ EM PERIGO É A VIDA.

Não oferecemos a todos as mesmas condições de crescimento e desenvolvimento.

Jogamos fora as coisas em vez de consertá-las ou reaproveitá-las.

Jogamos veneno nas plantações.

Usamos muito plástico descartável, que vai poluir os rios e o mar.

Não garantimos água e saneamento básico para todos.

Criamos bois em excesso, que poluem o ar, consomem muita água e terra.

Não cuidamos da diversidade dos animais e plantas.

VOCÊ SABIA... ...que para fabricar uma calça jeans são gastos 11 mil litros de água?

122

Desperdiçamos e poluímos a água.

Derrubamos e queimamos florestas.

Compramos coisas de que não precisamos.

Produzimos muito lixo e jogamos em lugares impróprios.

Usamos fontes de energia não renováveis.

Não ajudamos uns aos outros.

Poluímos o ar que respiramos.

Tratamos mal as pessoas só porque são diferentes.

O QUE ESTAMOS FAZENDO QUE PREJUDICA A VIDA NA TERRA?

123

A TERRA É MASSA!

A gente nunca imagina que a Terra, o planeta Terra, pode aumentar ou diminuir sua massa. Massa é a quantidade de matéria que cada coisa tem.

Isso acontece porque muitas poeirinhas vêm do espaço para a Terra. São muito pequenas, mas são muitas! Há estudos que dizem que, em um ano, podem chegar a vinte toneladas de material.

Por outro lado, grandes vulcões, quando explodem, lançam no espaço uma grande quantidade de material sólido, de gases e vapor de água. Parte desse material escapa da nossa atmosfera.

Mas como a massa da Terra é de 6.000.000.000.000.000.000.000 (seis sextilhões de toneladas), esse fenômeno não tem importância.

LATILDO, VOCÊ SABE CONTAR ATÉ SEIS SEXTILHÕES?

6.000.000.000.000.000.000.000

124

MARAVILHAS DA NATUREZA

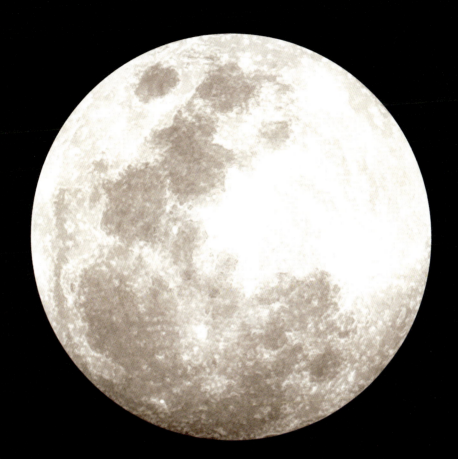

A Lua

A Lua é um satélite da Terra. Isso quer dizer que ela é um corpo celeste que gira ao redor da Terra. Geralmente a gente pensa que só existe uma Lua. De fato só existe uma Lua em torno da Terra. Mas em torno dos outros planetas existe um número enorme de luas.
Conforme o movimento da Terra e da Lua em relação ao Sol, ocorrem as fases da Lua.

crescente

cheia

minguante

nova

Ruth Rocha

Ruth Rocha gosta muito de livros. Ruth Rocha gosta muito de crianças. Não é à toa que ela é a autora de mais de duzentos títulos de literatura infantil. Nascida em 1931, em São Paulo, a menina que cresceu ouvindo as histórias do vovô Ioiô e lendo *As reinações de Narizinho* de Monteiro Lobato, hoje dá nome a várias bibliotecas, tem milhões de leitores no Brasil e no mundo, foi traduzida para 25 idiomas e ganhou alguns dos principais prêmios literários. Seu livro *Marcelo, marmelo, martelo* se tornou um dos maiores sucessos editoriais do país, com mais de 70 edições e 20 milhões de exemplares vendidos. Escreve do mesmo jeito que pensa e fala, com as palavras do dia a dia, sempre atenta ao cômico e ao poético da vida. Não suporta chatice. É contra qualquer forma de opressão. Acredita na liberdade. Seu lema é a alegria. Foi casada com Eduardo Rocha, que ilustrou alguns de seus livros e com quem teve uma filha, Mariana, sua parceira na criação deste almanaque.

Mariana Rocha

Professora de Moda há quase vinte anos na Faculdade Santa Marcelina, uma das melhores escolas do Brasil, Mariana Rocha se interessou pela capacidade de expressão estética e social das roupas desde jovem. Estilista, já participou de eventos importantes, como a Semana de Moda Casa de Criadores. Nascida em 1962, no início dos anos 1980 esteve no olho do furacão da cena do *rock* paulistano como cantora e compositora da banda alternativa Garotas do Centro. Em seguida, por três anos esteve à frente da programação cultural dos auditórios do Masp, o Museu de Arte de São Paulo, na avenida Paulista. Também trabalhou na Secretaria de Estado da Cultura de São Paulo, nos anos 1990, sob a batuta do escritor e então secretário Fernando Morais. É mãe de dois filhos, Miguel e Pedro. Filha única de Ruth Rocha, é curadora da obra da mãe. Este almanaque é a primeira coautoria de mãe e filha.

Mariana Massarani

Mariana Massarani nasceu no Rio de Janeiro, em 1963, e adora bichos. Seu bicho favorito é o tamanduá. Quase toda semana ela sai de traineira para procurar baleias e golfinhos nas ilhas do litoral carioca. Ela é voluntária numa pesquisa sobre cetáceos! Além de ser fã dos animais, Mariana gosta de observar as pessoas nas ruas. Surgem dessa prática muitas das soluções que ela encontra para seus desenhos tão divertidos. Ela diz que uma das coisas mais bacanas no seu trabalho é inventar a cara dos personagens, decidir se Fulano vai ter um nariz comprido ou não, se Beltrana vai ter cabelo claro ou escuro, e assim por diante. A parceria com Ruth Rocha já vem de longa data. São da Mariana as ilustrações de *Marcelo, marmelo, martelo*, por exemplo. Ao todo, ela já ilustrou mais de 200 livros e ganhou quatro prêmios Jabuti. Desenha desde menina. É como se nunca tivesse deixado de brincar.